どんなとき、人は願いが叶うのか？

実践「引き寄せ」大全

THE ART OF BELIEVING
How to Guide Practicing
the Law of Attraction

濱田まゆみ
山田ヒロミ

大和出版

THE ART OF BELIEVING

— How to Guide Practicing the Law of Attraction —

実践し、体験し、人生をクリエイトしよう

「潜在意識の深いところには、無限の知恵、無限の力、
　すべての必要物に対する無限の供給源がひそんでいて、
　心を開きそれを活用するとどんな夢でも叶う」

　これは、私たち2人の人生を変えてくれたジョセフ・マーフィーの本に書かれていた衝撃的な内容です。

　人生で困難な時期にあった私たちは、潜在意識の力を信じようと決め、試してみたところ、本当に奇跡が起こったのです！　まゆみは結婚と留学を同時に引き寄せるミラクル体験をしました。ヒロミは突然運動神経がよくなり、夢のライフスタイルが転職で実現しました。しかしその後、「あの"奇跡"は本当に潜在意識の力だったのだろうか？　それとも、ただの偶然？」という問いが生まれました。2人はそれから35年間、「願いが叶う時と叶わない時は何が違うのか？」を検証するために、実践と体験を繰り返しました。

　「引き寄せ」とは何でしょうか？　それは「あなたが心の底で（潜在意識で）信じていることが（望むことでも望まないことでも）現実になる」というシンプルなものです。

　本書は科学的根拠に基づいた「引き寄せ」のメカニズムをわかりやすく解説し、実際に実践し、体験してもらうように構成されています。

　当時まだ解明されていなかった「思いが具現化するメカニズ

ム」についても、脳科学と心理学が結びついたことで、また量子力学の発達によって明らかにされ、「引き寄せ」は科学的なエビデンスを元に論理的に説明できる時代になったことで、本書が実現したのです。

　科学的根拠を知り、体験談を読み進めていただくうちに、「引き寄せなんてあるはずない」と考えるほうがもはや迷信で、ナンセンスだと感じていただけるのではないでしょうか。

　本書を通じて、あなたが本来の力を思い出し、「自分の中には無限の力があり、豊かで幸せな人生を自由にクリエイトすることができる」ことを、確信していただけますように。そしてあなたが自分の力を思い出すことによって、周りの人にもその幸せや豊かさが自然に波及していきますように……。

　ではどうすれば「自分にも、豊かで幸せな最高の人生を自由にクリエイトできる力がある」と信じることができるのでしょうか？　それは、頭での理解だけでは不十分で体験が必要です。1度や2度ではなく、何度も体験を重ねることで、それが確信となり信念に変わり、その新しい信念によってあなたの現実が変化していきます。

「当時の自分にこの本を届けたい！　1年で豊かで幸せになれたのに！」と思う私たちが、「自分ならこう使う」本書活用法をお伝えします。

1　項目1から123までをサラリと読む

　一通り本書全体を知り、気になったら付箋やラインでマークを。「そんなことある？　信じられない！」と感じたら、巻末の「参考文献」をチラ見。

あなたに
得て頂きたい
ことはコレ！

☑「引き寄せ」が起こる理由を、サラリと把握
☑「これやってみたい！」「気になる」ポイント

2 「これやってみたい！」「気になる」と思う項目を1つ決めて、メモなどに「項目名・ポイント・ワンポイントレッスン」のように手書きし、"マイしおり"として記憶に刻みます。

　もしメモが増えても、ひとまとめにして、1つのしおりとします。

あなたに
得て頂きたい
ことはコレ！ → ☑ 「実現への期待」を可視化・強化

3 「朝起きてすぐ」など、10分間の引き寄せタイムを決め、1日1項目を読み、ワンポイントレッスンを実践。ページ数に○をつけます。

　"マイしおり"に書いた引き寄せたいことを、多方向から他の122項目を実践していくことで実現していくことが目的。引き寄せに成功したら、メモ。メモが増えたら"マイしおり"を更新するなど、工夫します。※開始時間を決めておくだけで習得が容易に。

あなたに
得て頂きたい
ことはコレ！
　☑ 望み・期待・感謝など、いい気分の周波数を、
　　　毎日一定時間に発振するバイオリズム
　☑ 引き寄せの成功体験

4 再度読んで実践したページは◎、3回目は◉をつけます。
（123項目×3＝369日　約1年）

あなたに
得て頂きたい
ことはコレ！
　☑ 複数の引き寄せ体験
　☑ 引き寄せの達人
　☑ いい気分の周波数を発する、
　　　幸せで安定した思考と感情の持ち主

　折に触れページを再びめくり、愛用する辞典のような一冊として、読んで実践してくださると嬉しく思います。
　それでは早速、「引き寄せ」を実践していきましょう！

マイしおり

システム手帳のリフィルがおススメ！
"しおり"のように本書にはさんで使います

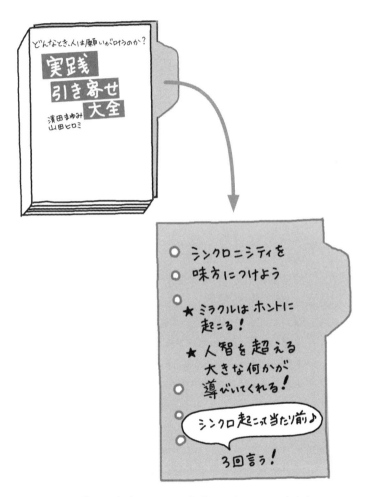

どんなとき、人は願いがロナうのか？

実践
引き寄せ
大全

濱田まゆみ
山田ヒロミ

○ シンクロニシティを
○ 味方につけよう
○
★ ミラクルは ホントに
　起こる！
★ 人智を超える
　大きな何かが
○ 導びいてくれる！
○
○ シンクロ起こって当たり前♪
○
　　　3回言う！

その日読んで実践したことが実現につながっていきます

CONTENTS

どんなとき、人は願いが叶うのか？
実践「引き寄せ」大全

基礎編
「引き寄せ」には何が必要なのか？

実践編
望みが叶う時、あなたに何が起こっているのか?

ちょっとした「引き寄せ」スキル

「いいことばかり」への指針

応用編
こんな場面でこんなやり方

意識と身体

本文デザイン……… 齋藤知恵子(sacco)
DTP・図版作成 …… 青木佐和子
イラスト ………… 二階堂ひとみ、
　　　　　　　　　瀬川尚志(p49, p107, p191)、
　　　　　　　　　山田ヒロミ(p177, p217, p227, p257, p261)

基礎編

「引き寄せ」には何が必要なのか？

「引き寄せ」は
誰でももう使っている

「引き寄せの法則」という言葉を聞くと、「自分の夢や願望を引き寄せる法則」と思っている人もいるかもしれません。しかしそうではなく、「あなたが思っていることを、それがいいことでも悪いことでも引き寄せる」という意味です。私たちは皆、すでに「引き寄せの法則」を使っているのです。そして正確には「自分（顕在意識）が願っていること」ではなくて「潜在意識で思っていること（信念）」が現実化します。

若い頃から英語が好きで、潜在意識に興味があった本書の著者・濱田まゆみは、現在、英語を教える仕事と、潜在意識に関するこの本を書いています。

若い頃に計算や数字に弱いので設計関係は面倒そうと感じ、人生を変える方法に興味があった、もう1人の著者・山田ヒロミは、アルバイト以外で従事したすべての仕事が建築関係ですし、人生を変える方法をこの本に書いています。

私たちは誰もが何かを信じています。信念があります。「人生そんなに甘くない」と思っている人は、その信念通り「甘くない人生」を引き寄せます。「経済はどんどん悪くなる」と信じている人は、会社が倒産したり、リストラされたりする可能性が高くなるでしょう。しかし、不況の時代でもうまくいっている会社もあるのです。「大多数の人がそうだから、自分もそうなる」というのも真実ではありません。

「私の人生は甘口」
「大多数の人と自分は違うかも」
「私の望みは日々、実現に近づいている」
とつぶやいてみましょう。

「自分も大多数の中に当てはまる」と信じた人は、そうなります。

「引き寄せの法則」は実はとてもシンプルです。**「できる！」と信じる人はできる。「できない！」と信じる人はできない。**信じた通りに実現します。「私には夢を叶えることなんてできない！」といつも思っているとしたら、「夢を叶えることができない」現実を見事に引き寄せてしまいます。

「潜在意識の法則」を提唱し広めた、ジョセフ・マーフィーは「潜在意識は信念の法則によって動く」と言いました。信じることが現実になることは、プラシーボ効果（208ページ参）をはじめ、自己成就予言の研究でも明らかにされています。

あなたが心の底で信じていることが、それが望むことであっても、望まないことであっても、具現化する。これが「引き寄せの法則」と呼ばれているものです。

「引き寄せの法則」とは何か？

脳科学から見た「引き寄せ」

　あなたは、周りに溢れる情報の中から、自分で選んだことを体験しています。

　私たちの脳には素晴らしい検索エンジンが搭載されています。それは脳にあるRAS（網様体賦活系）という部位です。脳には、毎秒1100万もの情報が五感を通じて送られていると言われています。RASはその膨大な情報の中から、（嗅覚情報以外の）必要な情報だけを自動的に選び出してあなたの認識に上げてきてくれる、フィルターのような役割をしています。

　私たちが自分（顕在意識）で認識できるのはわずか0.00036%しかありません。99.999%の情報は認識できていないのです。**重要だと認識された情報のみを選択し、それに注意を向ける、この認知機能の働きを「選択的注意」と呼びます。**

　例えば、子供がゲームに夢中になっている時は「ごはんよ！」と声をかけても聞こえないのは、これが理由です。カフェで友人とおしゃべりが弾んでいる時は友人以外の人は目に入らないし、流れているBGMにも気づきません。座っている椅子も感じないかもしれません。これは友人とのおしゃべりに集中できるようにするための「選択的注意」です。

　もう1つの例を挙げましょう。電車の中の広告やYouTube広告など、あらゆるところで、最近興味があることに関する情報が目に飛び込んでくるようになった、そんな経験はあり

目を閉じて「黄色」をイメージします。
薄い黄色？　濃い黄色？　そのあと、
どのように脳が「黄色」を探してくるかを
観察してみてください。

ませんか？　例えば、英会話を始めようと思ったとします。
そうすると、英会話に関する広告の数は変わっていないのに、
あなたが英会話に注意を向けたことで、脳が「わかりました。
英会話ですね」と指令を受け取り、英会話に関する情報をあ
なたの顕在意識に自動的に上げてくれて、目に入るのです。

　あなたが望むものは、実はすべて最初から存在しています。
認識できていないだけです。注意を向けることによって脳に
指令が行き、今まで気づいていなかった関連情報が見えるよ
うになってくる。これが脳科学的にいう「引き寄せ」です。
注意を「あなたの望むこと」に向け続けることです。そうす
れば「引き寄せ」が自然に起こってきます。

潜在意識があなたの人生を動かしている!

潜在意識と顕在意識①

　私たちのマインド（意識）は二重構造になっています。1つは自分で気づくことができる領域で顕在意識と呼ばれています。**顕在意識は「自分」だと思っている部分**です。論理的に考えて判断したり、情報収集して分析したり、過去を反省したり、将来の計画を立てて行動したり。顕在意識は意識のうちの5％くらいだと言われています。

　もう1つは潜在意識。**約95％を占めていると言われていて、自分では気づかない領域**です。無意識と呼ばれることもあります。自分（顕在意識）でコントロールできないことや、考えないでもできることは潜在意識の領域です。例えば、呼吸をする、心臓を動かす、など（不随意運動）も潜在意識が司っています。「よし！　今日は2時間、心臓を止めるぞ！」と、あなた（顕在意識）がどれだけ強く思ってもコントロールできません。

　自転車の乗り方や箸の使い方など、学習した運動機能や習慣化した行動など、考えなくてもできることは、すべて潜在意識が司っています。そして、潜在意識には、「自分」では覚えていないような幼児期の体験も含め、生まれた時からのすべての出来事が記憶されている貯蔵庫のようなものと言われています。

　例えばヒロミは、数年前までバナナが大嫌い。しかしその

理由がわからないのに
苦手なことや嫌いなものを
書き出してみましょう。

理由はわかりませんでした。母親に尋ねてみたら、1歳の時、近所の人にバナナを無理やり食べさせられ赤痢になったことがあったのです。自分（顕在意識）では覚えていないことも、潜在意識には記憶されているのです。

　あなたの人生を動かしているのは潜在意識であり、**自分（顕在意識）で一生懸命やろうとする努力は、わずか5％の顕在意識**であることを覚えておいてください。顕在意識は潜在意識にはかなわないのです。5人対95人で綱引きをしているようなものです。

潜在意識（無意識）	顕在意識
95％	5％
自分で気づかない	自分で気づける

潜在意識と顕在意識

潜在意識　　　　　　　　　　　　　　　　　　　顕在意識

願いが叶わない理由

潜在意識と顕在意識②

　夢が叶わない理由の一つに、頭で考えていることである顕在意識（約5%）と潜在意識（約95%）のデータの不一致があります。

　頭で考えていることと、潜在意識のデータが違うと、当然、潜在意識のデータが勝ちます。どういう信念があると、あなたの願いが叶わないのかを、客観的に考えてみるとよいでしょう。

　図を見てください。この人は、結婚したいとずっと思っているのにできないとしましょう。この人の潜在意識にはどんなデータがあると思いますか？

「私には幸せになる価値がない」「結婚したら自由がなくなるかも」「結婚したら今のようにお金を自由に使えなくなるかも」「結婚したら親戚付き合いが面倒くさい」「結婚してもうまくいかないかも」

　顕在意識では「結婚したい」と思っていても潜在意識に否定するデータがたくさん入っていると、当然叶いません。

　前ページで述べた通り、潜在意識と顕在意識の綱引きは95対5。潜在意識の圧倒的勝利です。**潜在意識のデータを変えること**。それがまず、あなたのやることです。

いつも願っているのに
叶っていないことを1つ選んで、
図を使って、埋めてみましょう。

顕在意識

潜在意識

絶対結婚したい！

顕在意識≠潜在意識
↓
潜在意識の勝利‼

自由がなくなる

面倒くさい　親戚付き合いが嫌

変化が嫌　幸せになる価値がない

うまくいかないかも　独身が気楽　お金を使えなくなる

結婚して幸せになれないかも　友達付き合い減るかも　理想の人は簡単には見つからない

・・・・・・・・・・・ 頑張っているけどまだ叶っていないこと ・・・・・・・・・・・

顕在意識

潜在意識

「引き寄せの法則」とは何か？

021

火事場の馬鹿力を発揮する法

「火事場の馬鹿力」という表現がありますね。デジタル大辞泉によると「《火事のときに、自分にはあると思えない大きな力を出して重い物を持ち出したりすることから》切迫した状況に置かれると、普段には想像できないような力を無意識に出すことのたとえ」とあります。

この「火事場の馬鹿力」がまさに潜在意識の力です。自分（顕在意識）では信じられないような力が出る瞬間。それは思考が止まった時。運ばなければ燃えてなくなってしまう火事の緊急事態で「どうやって重いタンスを運ぼうか？」「私にできるのだろうか？」「どうせ無理だし……」このような思考が出てくる暇もなく、ただ「タンスを運ぶ！」ということだけに意識が向いている状態です。

これは誰の中にもある力です。普段はあなたの思考（顕在意識）が邪魔をしているので発揮できないだけ。これまでの経験や常識で「できない」と思い込んでいるだけ。これを心理学ではリミッティング・ビリーフ（limiting belief）と呼びます。あなたに制限をかけてしまっている間違った固定概念です。

潜在能力を発揮するためには、できるだけ思考を使わない状態にすることです。そして新しい体験をすることです。

リミッティング・ビリーフが外れると、潜在能力が発揮されるのは事実だという確信が欲しくて、ヒロミは火渡りをす

「絶対できない！」と思っていることを3つ、書いてみましょう。

① (　　　　　　　　　　　　　　　)
② (　　　　　　　　　　　　　　　)
③ (　　　　　　　　　　　　　　　)

る海外セミナーに参加したことがあります。数千人で繰り返し意識を書き換えた後、燃える炭を並べた上を5メートルほど歩きます。最初は少し怖く感じましたが、体験者かどんどん歩き始めるのを見ているうちに常識が反転していくのを感じ、歩き終わるまで炭火を熱く感じませんでした。この体験を機に、リミッティング・ビリーフが外れると、潜在能力が発揮されることを確信して、お伝えできるようになりました。

　あなたが「できない」と思っていることも**「思考が邪魔をしなければ本当はできるかもしれない」**とまずは思ってみてください。

思い込みを外すと
こんなこともできる

　思い込みを外すとできることの一例として、私が実際に
やったことがあるのは「火渡り」と、「スプーン曲げ」です。
この項ではスプーン曲げについてお話しします。

　ある時、飯島先輩が達人からスプーン曲げを習いました。
その直後に21人で行った旅で先輩からスプーン曲げを教わ
り、全員が曲げられるようになりました。私は、すぐ曲がり
ましたが、数日間、曲がらずに練習している人もいました。
両者の違いは、スプーンは柔らかくて曲がるものなんだとい
う新しい思い込みを採用できたか、スプーンは硬いもので曲
がらないという思い込みを強く持ち続けているかです。

　ある時、先輩の指導で30人ほどがスプーン曲げをしたと
ころ、スピリチュアルな風貌で何でもすぐ曲げちゃいそうな
女性のスプーンだけ曲がらない。先輩がその方に「私が曲が
らないと恥ずかしいよねとか、絶対曲げてやると思うと、急
にスプーンが硬く感じるよ。曲がっても曲がらなくても、
どっちでもいいと思ってごらん」とアドバイスすると、彼女
はすぐ理解して、スプーンを曲げることができました。また、
先輩がイベントで1000人規模でスプーン曲げをしたところ、
老若男女を問わず曲がって盛り上がり、アメリカのGoogle本
社でも、「Oh my god!」と大きく盛り上がったそうです。

　さて、あなたの周りに、スプーン曲げができる人は何人い

スプーン曲げをしてみましょう！ ➡

https://daiwashuppan.com/event/6420/hikiyose67.mp4

ますか。もしいないとしたら「スプーンは硬いもので、曲がらない」というのが常識です。周囲のほとんどの人がスプーン曲げができる私の場合は、曲がらない人のほうが少数派です。この少数派の人は、スプーンが曲がった時点で、「スプーンは曲がらない、硬いもの」という思い込みが消えます。天動説と地動説がそうであったように、多数派と少数派が逆転すると、これまでの常識と非常識は、逆転するのです。

　1人で安全に試せる「スプーン曲げ」に、あなたにも挑戦していただきたいと思います。曲がらなかったと凹まなくていいように、最初は、柔らかい素材の薄い金属のスプーンを使って、テコの原理を使ってみることをお勧めします。もしも曲がったら使えるスプーンが1本減ってしまいますので、100円ショップなどで曲げる用のスプーンを買い求めて、家族に叱られないように注意してやってください。

　スプーン曲げがマジックか超常現象か、スプーンが曲がるからどうなのか、そんなことはどうでもよいこと。思い込みを外すと何でも可能なのだと気づいた瞬間の体験を、可視化して残しておけることがスプーン曲げのよい点です。これからは、「これは思い込みだろうか、思い込みを変えてみたらどうだろう」と考えてみるきっかけに、曲がったスプーンがなってくれるかもしれません。

あなたの世界は
これで思いのまま！

　ユーミンこと松任谷由実さんの「やさしさに包まれたなら」という歌に、「目にうつるすべてのことはメッセージ」という歌詞があります。あなたの目に偶然入ってくる情報は実は偶然ではありません。

　16ページでも説明したように、**脳には、膨大な情報の中から「重要」なものだけを自動的に選んで、あなたの顕在意識に上げてくる「選択的注意」という機能があります。**自分（顕在意識）にとっては、偶然目にしたと思っていることも、実は脳が自動的に選んであなたの顕在意識に送ってきている情報なのです。

　あなたの見ている「世界」は他の人の見ている「世界」とは違います。あなただけの「世界」です。例えば、友人とドライブをしている時、同じタイミングで、私には「あ！　ゾロ目ナンバーの車！」、友人には「あ！　酒蔵！」と、違うものが目に飛び込んでくるのです。選択的注意を向ける興味や重要情報が違うからです。

　あなたの世界に何が映っているか、観察してみてください。映し出されているもの、それがあなたの潜在意識に重要情報としてインストールされているものです。あなたの見えている「世界」は明るいニュースやよい人たちや幸せで満ち溢れているでしょうか？　それとも不安なニュースや嫌な人たち

本から目を離した瞬間に、
何が目に飛び込んでくるか
観察してみましょう。

や問題で満ち溢れているでしょうか？　あなたの見えている「世界」はあなたが好きなように変えることができます。なぜならあなたが選んだ重要情報に基づいて、脳が自動的に抽出して見せてくれているからです。

　潜在意識にある「重要情報」を、あなたの好きな物事に書き換えてください。そうすれば、自然に目に飛び込んでくるものも変わり、あなたの体験する世界も変わります。

「引き寄せの法則」とは何か？

本当に引き寄せたいものは何か?

願望の3種類

　あなたの欲しいものは何でしょうか?　あなたの願いは何でしょうか?　何があれば最高の人生でしょうか?　お金、やりがいのある仕事、快適な家、素敵なパートナー、健康な体、気の合う友達、素直な子供たち、地位、心の平安etc.あなたの欲しいものを書き出してみてください。

　願望は大きく3つのカテゴリーに分かれます。1つ目はHave（持つ）。これは所有欲です。お金が欲しい、名声が欲しい、ブランドのカバンが欲しい、素敵な家が欲しい、パートナーが欲しい、など。2つ目はDo（やる）。これは体験、やりたいことです。例えば、ギリシャに行きたい、パラグライダーをやってみたい、高級な寿司を食べたい、親孝行したい、などです。そして3つ目はBe（ある）。これは言い換えれば、気持ちや感情、状態。例えば、おおらかな自分でありたい、包容力のある人間でありたい、愛が溢れる自分でいたい、いつも感謝をしていたい、いつも喜びを感じていたい。

　私たちの欲しいものは、最初はほとんどがHaveかDoです。しかし、そのHaveやDoの願望をなぜ手に入れたいかを深く探っていくと、実はすべてBeに行き着きます。

　例えば「グランドキャニオンに行きたい」というDoの願望。これはグランドキャニオンに行って壮大な景色を見て感動したい、ワクワクする気持ちを体験したい、というBeを

あなたの Have の願い、
Do の願いを3つずつ書き出して、
それを手に入れたらどんな感情を味わいたいか、
Be の願いを書いてみてください。

味わいたいのです。広い高級マンションを手に入れたいという Have の願望。これは広々としたスペースで豊かな気分を味わいたい。家族の笑顔を見て自分も幸せな気分でいたい。これも Be です。

　このように、Have, Do 願望の究極の目的は、嬉しい、楽しい、ありがたいなぁ、幸せだなぁ、という感情、すなわち Be なのです。ですので Be を「未来先取り」できると、Have も Do も Be に入ります。こうなると、ひょっとしたら Have, Do の願望はあまり欲しくなくなるかもしれません。**あなたの引き寄せたい究極のもの、それは Be、感情だということ**を覚えておいてください。

	Have	Do	Be
例	最高のパートナー	親孝行	いつも穏やか
1			
2			
3			

潜在意識は顕在意識で書き換える

　潜在意識にデータを送り込む入り口は顕在意識なので、潜在意識のデータを書き換えるためには顕在意識を利用します。さて、顕在意識とは何でしょうか？　自分で気づくことができる部分、認識できるもの……すなわち、主観的な認識です。自分で認識できるものは、4つに集約されます。UCLA医科大学精神科臨床教授であるダニエル・J・シーゲル博士は、次の4つの頭文字を取ってSIFTと呼んでいます。

S=sensations（感覚）

　感覚・知覚のことです。五感からの刺激で引き起こされる感覚、例えば、まぶしい（視覚）、うるさい（聴覚）、熱い（触覚）、辛い（味覚）、いい香り（嗅覚）などです。「鳥肌が立った」「胸が苦しい」という内側から起こる感覚もあります。

I=images（イメージ）

　目を閉じて美しいサンセットをイメージしてみてください。あなたの頭の中にサンセットの映像が出てきたと思います。頭の中で出てくる画像や映像、これがイメージです。

F=feelings（感情）

　感情、気持ちです。「嬉しいなぁ」「むかつく！」「悲しい

S（感覚）を体験してみましょう。
目を閉じて、どんな音（聴覚）、どんな香り（嗅覚）、
床や椅子に触れる感覚（触覚）に
注意を向けてみてください。

……」など。

T=thoughts（思考）

「今日は雨が降りそうだから傘を持っていったほうがいいかなぁ」「明日は朝9時までに取引先にメールをしないと」「今日のランチは何を食べようかな」。思考するために必要なツールは言葉です。人間は言葉を使って思考をしています。

この4つ、SIFTが、あなたの顕在意識で自覚できるもの。つまり、あなたが潜在意識のデータを書き換えるためにできること、すべきことは、S（感覚）、I（イメージ）、F（感情）、T（思考）を使って「望む世界」のデータを意図的に選び、潜在意識に送り込むことです。

五感からの情報を選ぶ
顕在意識の用い方①

あなたは、どんな画像や映像をいつも何気なく見ているでしょうか？

潜在意識のデータを書き換えるために、「自分」（顕在意識）で選ぶことができる１つ目はS（sensations＝感覚）です。感覚には、五感からの刺激によって外部からもたらされるものがあります。五感を通じて入ってくる情報は、毎秒1100万もあると言われており、99.9％以上は顕在意識で認識されずに潜在意識に送り込まれます。この**自分で気づかない五感情報が、その後の無意識の思考パターンや行動に大きな影響を及ぼしている**ことが様々な研究から明らかになっており、心理学では**プライミング効果**と呼ばれています。

どういう五感情報を潜在意識に入れるか「あなた」（顕在意識）が見張っていなくてはなりません。「あなた」（顕在意識）の大切な仕事は、**努力して行動を変えることより、どんな情報を潜在意識に入れるか選ぶこと**です。なぜなら行動のほとんどは潜在意識にあるデータに基づいて自動的に起こるからです。

世の中には、夢や希望を与えてくれる明るいニュースや情報よりも、不安になるニュースや誹謗中傷の記事などのほうが数としては圧倒的に多いので、何も対策をしなければ「不安」に引きずられていきます。なんとなく視界に入ってくる

好きな物事に関しての
映像や画像を検索してみましょう。

画像やつけっぱなしにしている映像、何気なく聞こえてくる音声などに、あなたの思考や行動は気づかないうちに大きく影響されているのです。

　私は以前、夜はテレビを何気なくつけていたのですが、流れてくる不安なニュース内容に関連することがすぐ夢に出てくることに気づき、夜寝る前にテレビを見るのはやめました。そのぐらい潜在意識に影響しているということです。「望む世界」に関連する情報を潜在意識に送り込めるよう、五感から何気なく入ってくる情報を見張り、注意して選んでください。

潜在意識を書き換える法

望む世界をイメージする
顕在意識の用い方②

「あなたは想像したものを創造する」という仏陀の言葉のように、創造の原理は普遍です。見えない世界（頭の中）でまず生まれ、それが見える世界（外側の世界）に現れます。

iPhoneは世に出る前に、スティーブ・ジョブズの頭の中にイメージとしてあり、ハリー・ポッターはJ・K・ローリングの頭の中ではっきりとイメージされていました。このように見える形として今存在しているものは、最初は誰かの頭の中にイメージとしてあったものです。

顕在意識で選べる2つ目はI（images＝イメージ）です。

あなたの人生も同じです。あなたはいつも頭の中でイメージしていることを、知らず知らず現実化しています。あなたの人生に現れていることは、最初はあなたが頭の中でイメージとして創ったのです。それが望むものであろうと望まないものであったとしてもです。ですので、外側の世界を変えたければ、まず自分の内側の世界を変えなければいけません。イメージで創るのです。

多くの人にとっては、「望む世界」をイメージし続け、ずっと楽しい気分でいることのほうが難しいでしょう。「望まない」世界に注意が向き、不安を感じるほうが実は簡単です。これは生命維持に関係している爬虫類脳（反射脳）が、外敵から身を守るための自己防衛機能としてネガティブな側

好きな物事に関しての映像や画像を見て、
ニヤニヤしてみてください。

面に本能的に即座に反応してしまうからです。また、日本人は欧米人に比べて、心配性の遺伝子というものを持つ人が多いというデータがあります。ですので、私たちの脳の初期設定は「不安モード」だと思ってください。

　しかし、「望む世界」を創造（create ＝ クリエイト）したいなら、「望む世界」に意識のベクトルを向け続けることが大切です。「望む世界」をいつもイメージするトレーニングが必要なので、習慣になるまで繰り返し続けてください。

潜在意識を書き換える法

いつもご機嫌でいい気分
顕在意識の用い方③

基礎編

「引き寄せ」には何が必要なのか？

036

「喜怒哀楽」という言葉にもあるように人間には、いろんな感情がありますが、大きく分けると「いい気分」と「嫌な気分」の2つに分けられます。顕在意識で認識できる3つ目はF（feelings＝感情）です。

楽しい、ありがたい、ワクワクする、ほっとする、こういう感情が「いい気分」です。悲しい、寂しい、むかつく、不安になる、嫉妬する、こういう感情が「嫌な気分」です。

ただし、感情は勝手に湧いてくるものではありません。「さあ、腹を立てて！」「さあ、喜んで！」と急に言われてもすぐできませんよね。役者は悲し涙を流すためには悲しい場面を考えイメージします。感情は思考（T）とイメージ（I）から生まれます。楽しみにしている旅行のことを考えるとワクワクしてきます。面白いことを言う人はいつも面白いことを考えています。愚痴を言う人はいつも不満なことを考えています。

感情はまた、外部から刺激を受ける感覚（S）からも刺激されます。例えば、戦争のニュースを見ると不安になります。心地よい音楽を聴くとリラックスできます。美味しいお料理を食べると幸せな気分になれますね。

このように**感情（F）は、思考（T）・イメージ（I）・感覚（S）から生まれてきます。**ですので、いつもご機嫌でいい気分に

今すぐ「いい気分」になれる
小さなことをやってみてください。

自分の感情を合わせるため、思考（T）とイメージ（I）そして感覚（S）を、意志を持って選んでください。あなたが脳に「望む世界」について指示できているかチェックするために、感情をバロメーターに使うことができます。あなたがご機嫌で「いい気分」でいる時は、望むことを考え、イメージし、五感からもいい情報を取り入れている証拠です。

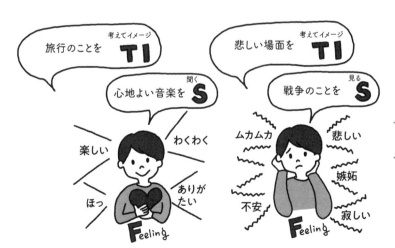

潜在意識を書き換える法

正しい言葉を使う
顕在意識の用い方④

　顕在意識で選べる4つ目はT（thoughts＝思考）です。私たちは思考する時に言葉を使っているので、**思考を選ぶとは、究極には言葉を選ぶということ**です。

　1つ気をつけないといけないことは、脳に指令する時の言葉の使い方です。インターネットの検索エンジンと同じだと思ってください。試しに、検索スペースに「バナナ好き」「バナナは嫌」「バナナ食べたくない」と3種類入れて画像検索してみましょう。出てくる画像はすべて「バナナ」です。バナナが好きでもバナナが嫌いでもバナナを引き寄せることになります。

　あなたの望みを脳に伝える時も同じです。「貧乏は嫌」は「貧乏」を、「失敗したくない」は「失敗」を探せ、と指令していることになります。

　「白熊について考えないでください」と指示されたグループは、指示されないグループよりも、後に白熊について考えることが多くなったというWegnerの実験結果をはじめ、ある思考やイメージを抑制しようとすると逆効果になるという研究報告が数多く発表されています。

　願っていることと逆のことが起こる場合は、自分で気づかないうちに「望まないこと」をイメージする言葉を使って指令していないかチェックが必要です。

「○○は嫌！」といつも思っていることを1つ
思い出して、逆に欲しいものを「△△！」と
単語だけで書いてみてください。

（例：争いは嫌→平和　病気になりたくない→健康　貧乏は嫌→豊かさ）

　例えば、理想の体型を目指してダイエットしている時に「太ってるのは嫌」「焼肉はカロリー高いから食べちゃダメ」などといつも考えていないでしょうか？　これでは「太る」「焼肉」と指令していることになるので、ダイエットはうまくいきません。その代わりに、例えば「ウエスト63cm」「こんにゃくステーキ食べる」などのキーワードを使ってください。このように、ある思考が出てきた時に、それを抑えようとするのではなくて違う思考（代替思考）で置き換えることが効果的であることは心理学の研究でも報告されています。

　「あなた」（顕在意識）がすることは、望む結果をイメージできる正しい言葉を使って脳に指令することです。 そうすれば、脳は必要情報を探して、あなたに見せてくれます。

潜在意識を書き換える法

039

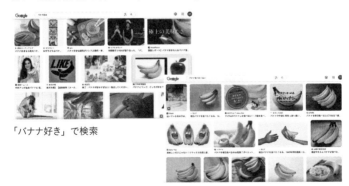

「バナナ好き」で検索

「バナナ食べたくない」で検索

刷り込まれた
「どうせ無理」の消し方
古い信念を手放す

　幼い時に住職さんから「この子は困ることはないよ～！特に食べることには困らない、お金も必要なだけ入ってくるよ」と言われていた友人がいます。子供は素直です。きっとその住職さんから言われた言葉を「真実」と受け止めて信じたのでしょう。彼女は大人になった今でも「根拠のない自信」があります。「大丈夫なんとかなる」「仕事がなくなったけど、次はどんな仕事がやってくるのだろう？」「きっとうまくいく」。"いきあたりバッチリ"で、いつもなぜかうまくいきます。

　これは、幼い頃に繰り返して言われた住職さんの言葉が彼女の潜在意識に刷り込まれ、それが信念となって、彼女の人生に大きく影響しているからです。

　私たちは誰でも信念があります。「私にはできる」「私にはできない」「きっとうまくいく」「きっとひどいことになる」何を信じてもその通りになります。いい信念を子供時代に刷り込まれた人はラッキーです。では不都合な信念を刷り込まれた人はどうすればいいのでしょうか？

　例えば「お兄ちゃんはできるのに、なんであなたはできないの？　ほんとにあなたはダメね」というような言葉を親から言われ続けられたら、あなたの潜在意識には「自分はダメだからできない。どうせ無理」というデータがインストール

今、手放したい「黒い玉」
（否定的な信念）を1つ選んで、
その玉がキラキラの光に変わるイメージを持ち
「ありがとう」と言ってみましょう。

されます。長い間、言い続けられて潜在意識にプログラムされた信念は強力です。大人になって、顕在意識で「私はできるできる！」と意志の力で叫んでみても、数回では書き換えられません。

　例えば、潜在意識という容器にたくさんの玉が入っていると考えてみると、「黒い玉」（どうせ無理！）が95個、「白い玉」（自分はできる！）が5個入っているようなもので、「黒い玉」（どうせ無理！）の圧倒的勝利です。

　では「黒い玉」を減らして「白い玉」を増やすにはどうすればいいでしょう？　それは、①容器から「黒い玉」を取り出して、②「白い玉」を入れる、ですね。

　願望実現では「白い玉」（肯定的な信念）を潜在意識に入れていく方法（アファメーションやイメージトレーニング）ばかりが強調されがちですが、**「黒い玉」（否定的な信念）で容器がいっぱいの場合は、先に「黒い玉」を減らす作業のほうが重要で**かつ効果的です。

　潜在意識の出入り口は顕在意識です。「どうせ無理！」という「黒い玉」が潜在意識から顕在意識に上がって気づいた時に、その「黒い玉」を取り出せばいいのですが、私たちがよくやりがちなのは、そのように思う自分を非難し否定することです。

「また、『どうせ無理』と思ってる。この考え方がいけない
んだ。なんで私は、こんなにネガティブにしか考えられない
んだろう。もっとポジティブに考えなければ！」

　これでは、せっかくあなたの顕在意識に上がってきてくれ
た「黒い玉」（どうせ無理！）を、さらに（私はネガティブ）を加
えてまた潜在意識という容器の中に押し戻してしまうような
ものです。これでは「黒い玉」は減りません。

　あなたがすることは、「顕在意識まで上がって出てきてく
れてありがとう」と感謝して手放すことです。ポ～ン！と空
に投げ、「黒い玉」が光に変わることをイメージしてみてく
ださい。「どうせ無理」（黒い玉）が出てくるたびに、自分を
批判せずに、無理にポジテイブに考え直そうとせずに、感謝
して手放す。これをやってください。そうすれば、そのたび
にあなたの潜在意識から「黒い玉」が減っていきます。

　そしてある時、ふと気づくのです。「あれ？　最近、どう
せ無理、って思わなくなっている」と。そう気づく頃にはあ
なたの行動も変わっているはずです。潜在意識が書き換わっ
た証拠です。

15

アファメーションで
潜在意識にインストール
新しい信念を入れる①

　潜在意識に肯定的な信念（前項のイラストの白い玉）を入れていく1つの方法がアファメーション（affirmation）です。アファメーションとは元々は「肯定・断言、確認」という意味で、自分自身に肯定的な断言をすることです。

　アファメーションは何度も繰り返すことによって潜在意識に肯定的な信念を送り込み否定的な信念を書き換えていく有効なやり方ですが、注意することがいくつかあります。

　1つ目は「〜したい」「〜なりたい」と言う表現は使わないこと。「豊かになりたい！」は「今、豊かではない」と断言しているのと同じなのです。

　そしてもう1つ重要なことは、「自分の心が抵抗しない」アファメーションを作ることです。例えば、借金で毎日頭を抱えていて大変なのに、「私は大金持ちだ！　私は大金持ちだ！」と何度大声で叫んだとしても、本音では「それは嘘」だと知っているのでうまくいきません。かえって逆効果です。力を入れて、頑張って繰り返さないといけないフレーズはNGです。自分の心がすんなりと受け入れる言葉、心が軽くなるような感覚になれる文章を考えてください。例えば、「私の経済状態は少しずつ確実によくなっていっている」など。文章ではなく「豊かさ」など、概念だけを表す名詞にすることもお勧めです。

「私は毎日あらゆる面でどんどんよくなっている」
と心を込めて声に出して言ってみましょう。

　自己暗示法の創始者であるエミール・クーエの「**私は毎日あらゆる面でどんどんよくなっている**」というアファメーションは有名です。このアファメーションはどんな分野にも使えて心が抵抗しないので、私も毎朝、太陽に向かってこのアファメーションを唱えています

　エミール・クーエはこのアファメーションを用いて多くの患者を救いましたが、結局は患者本人の「よくなる」「治る」という自己暗示、すなわち自分を信じる力が患者の現実を変えたのです。信じる力は偉大です。そして誰の中にもその力が宿っています。

信念・観念を書き換える法

045

私はどんどん
毎日よくなっている

イコール

○○

毎日ちょっとずつなら
ありえるよね

16

ポジティブな口癖を作る
新しい信念を入れる②

「新しい口癖を作る」のも潜在意識に肯定的な信念（43ページのイラストの白い玉）を入れていく効果的な方法です。自分に"都合のよい"新しい口癖を作って何度も繰り返すことにより、脳に「重要情報」としてインストールするのです。

お勧めの口癖の１つが「私って、天才！」。「天才」と言うのが気恥ずかしい場合は、最初のうち「てんちゃい！」と、自分の心の中にいる子供に声かけするようにしてみるのもアイデアの１つです。

何かアイデアを思いついた時、何かの予想が的中した時、小さなことに何でも「天才！」と毎日何度も繰り返すことによって「天才」という言葉が脳に何万回と送り込まれ、音声ループによって「天才」という思考が強化され、やがて潜在意識に「重要情報」としてインストールされてデータが書き換わります。そしてある日、心から「自分は本当にすごい！天才！」と思える日がやってきます。

私も実践していて、今では「天才（てんちゃい）！」が完全に口癖になり、１日に何回言っているかわからないほど、無意識に出てくるようになりました。自分で自分のことを「天才」と思えるようになれば、それはあなたの世界に投影され、周りの人からの評価や起こる出来事は自然に変わっていきます。なぜなら意識が現実を創っているからです。

「私（俺）って天才！」と毎日言い続けてみましょう。

　新しい口癖があなたの新しい信念となります。客観的に見て「天才」かどうかは関係ありません。「自分は天才」という思い込みが大切なのです。**天才だから天才と言うのではなく、天才と言うから天才になるのです。**例えば同じ技術を持つ医師数名の1人が「天才だ」という信念を持っていたとしたら、天才としてさらに向上し、患者はその人に集中するでしょう。

「天才」以外にも、自分に都合のいい短い口癖を作ってみてください。それを毎日何度も繰り返すだけ。思い込みや信念を書き換え、自己肯定感も向上させる簡単で効果抜群の方法です。

信念・観念を書き換える法

俺って天才！

17

人生にはあなたが信じたことが起こる!

　投手と打者の「二刀流」でメジャーリーグで大活躍中の大谷翔平選手。日本の高校野球ではピッチャーで4番打者はよくいますが、プロに入るとどちらか1つを選ぶ、というのが常識でした。しかし、大谷選手はこれまでの「常識」を見事に崩してくれました。大谷選手に憧れて野球をする子供たちの中から、近い将来、同じような二刀流選手が現れることでしょう。

　「二兎を追う者は一兎をも得ず」ということわざがありますが、大谷選手はきっと、それを信じなかったのでしょう。彼が信じたのは「二兎を追う者は二兎とも得る」だったのではないでしょうか?　古くから言い伝えられていることわざが正しいということではないのです。**あなたが信じることで、それがあなたの真実となります。**

　①「二兎を追う者は一兎をも得ず」
　②「二兎を追う者は二兎とも得る」
　③「二兎を追う者は三兎も得る」

　自分の信じたいものを信じればよいのです。そして自分の信じたことが人生に起こるのです。

　私は以前①を信じていました。20代で結婚したかった。でも留学もしたかった。当時は「仕事か結婚か」という風潮の時代でした。しかし "You can have it all" という本に出会い

「○○を追う私は△△も得る」
○○と△△に言葉を入れてみましょう。

「望むものはすべて手に入れていいんだ」という考え方を知って、自分の考え方を②に変えたことで、「結婚と留学」を両方引き寄せたのです。今は③を信じています。

　アインシュタインは「**常識とは18歳までに身につけた偏見のコレクションでしかない**」と言いました。そして、常識は時代と共に変わっていきます。あなたの信じたいものを信じる勇気を持って、常識を捨ててください。

大リーグで
二刀流！

18

3つのステップで夢が叶う

　「引き寄せ」のステップは簡単にまとめると3つです。

　①オーダーする（願う）。②受け取る。③アクションを起こす（行動）。宅配ピザのオーダーと同じだと思ってください。①食べたいピザをオーダーする。②ピンポーンと鳴ったら受け取る。③食べる。

　これを「引き寄せ」に当てはめてみると以下のようになります。

　第1ステップは「オーダーする」。ピザ注文ではインターネットか電話でオーダーしますが、願望実現の場合は**イメージと感情でオーダーします。**ピザの場合は、食べた時の味や満足感を無意識に予測して注文していますね。

　「その願望がすでに叶っている場面をありありとイメージし、その時の感情を味わう」ことがオーダーとなるのです。

　第2ステップは「受け取る」。ピザ宅配員さんがインターホンを鳴らしているのに、ドアを開けない人はいませんね。「引き寄せ」の場合、受け取るものはオーダーしたそのものの場合もあれば、目に飛び込んでくる関連情報や直感を通じてのメッセージという場合もあります。

　第3ステップは「アクションを起こす」。オーダーしたものを受け取ったのであればそれを楽しみます。宅配ピザが届いたら、すぐ食べるほうが美味しいですよね。メッセージや

電話を手に取り、
「引き寄せショップ」に注文するつもりで
「〇〇1つお願いしま〜す!」と
声に出してオーダーしてみましょう。

ヒントを受け取った場合は、**すぐに行動を起こします。**

　この3つのステップを踏んで「引き寄せ」をした体験談を1つ紹介します。私の教え子でオーディオプレイヤーが欲しい学生がいました。その学生は欲しいオーディオプレイヤーの写真を見てイメージをしました（第1ステップ＝オーダーする）。そうすると、オーディオプレーヤーが当たる懸賞キャンペーンの案内を目にしたのです（第2ステップ＝受け取る）。彼はどうせ当たらないと思わずにそのキャンペーンに応募しました。（第3ステップ＝アクションを起こす）。すると当選したのです!!

「引き寄せ」の原理はとてもシンプルで、この3つのステップであなたの夢が具現化します。うまくいかない場合は、この3ステップのどこかで止まっているということになります。

受け取る**2**

1 オーダーする
（願う）

3 アクション
（行動）

「引き寄せ」の3ステップ

19

まず、「オーダー」する
引き寄せの第1ステップ①

「引き寄せ」の第1ステップは「オーダーする」（願う）。オーダー時に使う手段はイメージと感情です。その願望がすでに叶っている場面をありありとイメージし、その時の感情を「未来先取り」して味わいます。

宇宙には「すべてのものを創り出す創造の領域」が存在していると言われています。量子力学ではゼロポイントフィールドと呼ばれ、ウェルビーイング分野における世界的第一人者であるディーパック・チョプラ博士は「純粋意識」と表現しています。すべてが生み出される「創造の領域」に私たちの潜在意識はつながっています。イメージと感情を使って**あなたの手に入れたいものをまず「創造の領域」に創ってください。**それが第1ステップです。

願っても「引き寄せ」が起きない場合は、この「オーダー」が明確でないことがほとんどで、第1ステップで止まってしまっています。宅配ピザの注文で「ピザください」では、何も受け取れませんよね？　生地の種類、サイズ、トッピングなど、細かく決めてオーダーします。あなたの願いも同じです。明確にしてください。例えば、「カバンが欲しい」では漠然としすぎています。色、素材、デザイン、大きさ、ブランドなどが必要です。

なぜ漠然としているとうまくいかないかというと、明確に

**自分が購入したいアイテムを、値段を気にせず、
デザイン、色、サイズなど、
詳しく調べてみましょう。**

イメージできないからです。そして**イメージがうまくできないと、感情を味わえない**からです。

　私が欲しい車を引き寄せた時の体験談をお話ししましょう。「レクサス、GS、赤、黒の本革シート……」と、まずは詳細条件を明確にしました。そして、鮮明にイメージできるように試乗に行き、車の外観、革シートの匂い、エンジン音、加速の感じなど、五感からできるだけたくさんの情報を入れることにより、ありありと運転しているイメージができるようになりました。

「オーダー」を詳細に具体的にすることで、あなたのイメージが明確になります。すると、あなたの脳もその指令を正確に受け取ることができ、関連情報を探しやすくなるのです。

ピザ
ください

マルゲリータ、
Lサイズ、
クリスピー生地
1枚ください

はい。
わかりました

20

実現加速化する 「オーダー」のしかた

引き寄せの第1ステップ②

　宅配ピザの注文にたとえて、「引き寄せ」の第1ステップはイメージと感情を使って「オーダーする」ことだと前項で説明しました。サイズも生地の種類もトッピングも選ばずにただ「ピザください」と言うだけではオーダーが通らないという例は、とても簡単に理解できると思います。

　これを自分の人生で手に入れたいものに当てはめたつもりでも、抽象的で漠然としていることがよくあります。例えば「起業したい」「成功したい」「幸せになりたい」。これらは「ピザください」と同じです。漠然としすぎてオーダーが通りません。

　例えばあなたにとって「人生における成功」とは何でしょうか？　お金を稼ぐこと？　社会貢献して後世に名を残すこと？　幸せな家庭を築くこと？　いつでも好きな時に好きなことができるお金と自由な時間を手に入れること？　天命を生きること？　「成功」の定義は1人1人違います。**できるだけ具体的に明確に、そして詳細に描く**ことです。

　頭の中だけで考えていると、どの程度具体的に描けているかが確認できないので、紙に書き出すことがお勧めです。例えば「起業したい」なら、どんな業種？　顧客層は？　欲しい収入は？　従業員は？　オフィスは？　など箇条書きで詳細な条件を書き出してみてください。頭の中にあるものを

まだ漠然としている叶えたい夢を1つ取り上げて、
できるだけ具体的な詳細事項を
紙に箇条書きに書いてみましょう。

いったん、自分の外側に出して「見える化」し、客観的に眺めてみるのです。もし、まだぼんやりしていて抽象的なら、できるだけ具体的に詳細にしていきます。そうすることで、その**願望が叶った時のイメージが湧いてきて感情を体験する**ことが簡単にできるようになります。また、夢を明確にすることで、**脳が「重要」情報として関連情報を探しやすくなり、行動につながり、現実化が加速します。**

「引き寄せ」の3ステップ

21

「サイン」は
五感を通じてやってくる
引き寄せの第2ステップ①

「引き寄せ」の第2ステップは「受け取る」です。何を受け取るのかには、2種類あります。1つ目はオーダーしたそのものを受け取る場合。例えば、①欲しいTシャツをイメージしたら、②友人からプレゼントされた。こういうケースはとてもわかりやすいですね。2つ目はオーダーしたものに関連するヒントを受け取る場合で、私たちはこのヒントを「サイン」と呼んでいます。

「サイン」には2種類あります。1つ目は五感を通じてやってくる情報です。例えば、友人との会話の中での情報だったり、ラジオから聞こえてくるフレーズだったり、電車の中でふと見る広告であったり、立ち読みした本の中で見つけたり。

　私は、赤いレクサスをイメージと感情を使ってオーダーした後、しばらくして職場の駐車場で赤いレクサスを見つけました。その車は以前からあったはずですが、私の注意が向いていなかったので、選択的注意が働かず見えていなかったのです。しかし「レクサス」と明確にオーダーしたことで脳に指令が送られ、最初から存在していた赤いレクサスが見えるように脳が顕在意識に上げてきてくれたのです。

　関連情報に気づくようになる。これはうまくいっている証拠です。欲しいものと似たものを急に目にするようになったら、「サイン」だと考えましょう。**「サイン」がやってきたら、**

「引き寄せ」たいものをイメージし、その後、目に入ったり聞こえたりする「サイン」に注意を向けてみましょう。

小さなことでも「近づいてきている！ うまくいっている！」と喜ぶことが大切です。

　自分に近い人が自分の欲しいものを手に入れたら、それは「もうすぐそこまで来ている！」というサインだと思ってください。私の場合、周りで一気に3人がレクサスを購入する、という現象が起きました。そしてそのうちの2人のレクサスに乗せてもらいました。羨ましがるのではなく「いよいよ次は私の番だ！」とワクワクして喜ぶことがポイントです。

「引き寄せ」の3ステップ

あ。サイン!?

はい！おみやげだよ

057

22

潜在意識からの直感を
きちんと受け取る秘訣

引き寄せの第2ステップ②

「引き寄せ」の第2ステップ「受け取る」では、オーダーした（願う）ものに関連する2種類の「サイン」（合図、ヒント）を受け取ることがあり、その1つ目を前項でお話ししました。「サイン」の2つ目、それはあなたの中からやってくるもの、**潜在意識から送られてくる直感**です。あなたが引き寄せたいものを「オーダー」した時から、潜在意識は実はいつも直感という形で「サイン」を送ってくれています。直感でやってくるメッセージは一見、引き寄せたいものと直接関係していないように思えることがよくあります。しかしそれをたどっていくと、自分の手に入れたいものにつながっていくのです。

例えば、あるセミナーに誘われた時のこと。はじめは行く予定はなかったのですが、前日になって「なんとなく行ってみよう」と思い参加したところ、そこで出会った人が「翻訳の仕事もしてみたい」と思っていた夢につなげてくれました。参加したセミナーは英語とはまったく関係がなかったので、まさか翻訳の仕事につながるとは思ってもみませんでした。

直感は言葉にはならない微かな感覚なので、あなた（顕在意識）がいつも考え事をしていたり、**悩みや心配事ばかりで忙しすぎると、キャッチすることができません。**例えば宅配ピザが届き、インターホンが鳴っていても、イヤホンをつけて大きな音量で音楽をかけていると、インターホンの音に気

目を閉じて「引き寄せ」たいものをイメージします。
その後、直感がやってきたらメモしましょう。

づかないのと似ています。あるいは、メールの受信トレイに
迷惑メールが1日にたくさん入ってくるようであれば、大切
なメールや発送のお知らせが入ってきても気づかないことが
あります。直感をキャッチするためには、頭の中に空きス
ペースが必要です。瞑想や、1人の静かな時間を持つのがい
い、と言われているのはこのためです。マインド（意識）が
クリアで心が静かな時にしか、直感という「サイン」が送ら
れていることに気づかないからです。直感は潜在意識から受
け取るものであり、自分（顕在意識）であれこれ考えて作り出
すものではありません。直感はいつやってくるか、どんな
メッセージがやってくるかもわかりません。あなた（顕在意
識）がやるべきことは、**潜在意識が直感という「サイン」を
送ってきた時に気づけるよう、心を静かにしておくこと**です。

「引き寄せ」の3ステップ

23

「ピッ!」ときたら
「パッ!」と動く!

引き寄せの第3ステップ

　引き寄せの第3ステップは「アクションを起こす」(行動)です。**願いが叶わない1つの理由に、直感をせっかく受け取っているのにすぐに行動しない、ということが挙げられます。**直感を受け取るタイミングは偶然ではありません。そして直感には賞味期限があることが多いので「ピッ!」ときたら「パッ!」とすぐに動くことです。

　この本の執筆中に起こった私のミラクル体験談を1つお話ししましょう。母の米寿を家族6人でお祝いしたいと思い、近場でホテルを探していたのですがどこも満室。何軒も電話をしてやっと5人部屋が1室だけ空いていたのでとりあえず予約をし、6人全員でお祝いしていることをイメージしました。

　旅行の2週間前になり、もう1部屋確保しなければいけないことを思い出し、ホテルに電話をしたけれどやはり満室。しかしその2日後に、"ふと"何かを感じたので、もう一度電話をしてみると部屋が空いていたのです! それもラッキーなことに同じ階の部屋でした。

　実は、この話の裏でシンクロが起きていました。チェックアウトする少し前に、友人から「今、私たちの泊まっている部屋の隣が『濱田様』って書いてあるんだけど、まさかまゆみちゃんだったら笑うよね」というメッセージが来て、友人

直感を受け取ったと思ったら「ピッパ！」で行動してみましょう。

と隣同士の部屋だということに気づきました。友人も偶然同じホテルで２部屋予約していたのですが、来られなくなった人がいたので１部屋をキャンセルしたのだそうです。その部屋はまさに私が追加で取れた部屋。私がなんとなく「ピッ！」ときて電話し確保できた部屋が、友人がキャンセルした部屋だったのです！

　混んでいる時期だったので、"ふと"何かを感じたその時に電話していなければおそらくすぐに埋まってしまっていたでしょう。潜在意識から思考を超えて届く直感のすごさを再確認できた経験となりました。**直感が来たら「ピッパ！」ですぐに行動してみてください。何度もやっていくうちに感覚がわかってきます。**そして直感が磨かれていきます。

なんとなく、もう一度連絡してみよう

★★HOTEL
満室

今ちょうどキャンセルがありましてご予約OKです

「引き寄せ」の３ステップ

061

24

どうやって叶えるかは
あなたの仕事ではない

　富士山の頂上に行くには、ルートがいくつもあるように、あなたの夢を叶えるルートも1つではありません。自分（顕在意識）の知らないルート、あるいは今は思いつかないルートがあるということも知っておいてください。

「この方法でないと叶えられない」と思い込んでしまうと、そのやり方が今の自分にとって難しい場合、「実現は無理」だと思ってしまいます。無理だと思う思考が「無理」という結果を生み出します。「私の顕在意識では思いつかないような想定外な方法で叶うかも」と思う心の空きスペースが必要です。

　例を1つ挙げましょう。私にはハワイのコンドミニアムで過ごしてみたいという夢がありましたが、コンドミニアムを買うお金はありませんでした。しかし、楽しく滞在しているイメージをしていたのです。そうしたら、それから数ヶ月して出会った人が体験宿泊の予約を取ってくれて、宿泊することができたのです。

「ハワイのコンドミニアムに泊まりたい！」とイメージした時にはまだ知り合っていなかった、未来で出会う人が夢を叶えてくれたのです。顕在意識では今から出会う人のことを知るよしもありません。顕在意識で方法を考えても無駄だということなのです。

方法を探すことは手放して、
夢が叶った感情を
「未来先取り」してみましょう。

　あなた（顕在意識）がすることは、方法を探すことではありません。**望む結果をありありとイメージして、その感情を「未来先取り」する**ことです。そこに時間をかけてください。方法探しは潜在意識に任せます。その後は、起こることをよく観察してください。脳が関連情報をキャッチして気づかせてくれるかもしれません。直感が何かを教えてくれるかもしれません。

　潜在意識はあなたの思いつかないようなベストな方法で、望む結果を現実化してくれるのです。

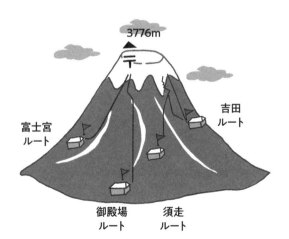

3776m

〒

富士宮
ルート

吉田
ルート

御殿場
ルート

須走
ルート

「引き寄せ」の3ステップ

実践編

望みが叶う時、あなたに何が起こっているのか?

25

強く願うほど
叶わないのはなぜか?

「何がなんでも手に入れたい!」「絶対叶えたい!」このように強く思う時、そこには執着が潜んでいる可能性があります。執着がある場合、その思いを強くすればするほど、逆効果で実現からは離れていってしまいます。それはなぜか? **執着の正体は"怖れ"だから**です。

「何がなんでも○○を手に入れたい!」と強く願うということは、「○○が手に入らなければ私の人生はどうなってしまうのだろう……」と思っていることの現れです。その場合、「手に入らなければどうしよう……」という本音の恐れのほうが具現化してしまうのです。

「引き寄せ」の極意は「ニュートラルに願う」こと。 ニュートラル(neutral)というのは「中立の」「どちらにも属さない」という意味。あなたの望むものを「これ!」とオーダーはするのですが、結果に関して「どっちでもいい」という不安のない感覚です。「欲しいけど、まあ、どっちでもいい感じ」そういう時は執着のない状態です。一度願う(オーダーする)と忘れてしまうこともよくあります。意外に思うかもしれませんが、そのほうが叶いやすいので、練習してみましょう。

この「ニュートラルに願う」練習をするには「何がなんでも手に入れたいもの」だとうまくいきません。執着があるの

「10円玉引き寄せ実験」をやってみましょう。
10円玉の両面を見て、目を閉じ、10円玉をイメージし、
「10円玉がやってきました。ありがとう」
と心の中でつぶやいてみてください。

で、力が入ってしまうからです。

「ニュートラルに願う」というのは理屈ではなくて感覚なので、体感で身につけていくしかありません。その感覚を身につけるためには最初は「どっちでもいいもの」を使って練習するのがお勧めです。

拙著『科学で解明！ 引き寄せ実験集』（濱田真由美・山田ヒロミ／BABジャパン）の第1実験で引き寄せるものをバナナにするのはそのためです。バナナはほとんどの日本人にとっては「何がなんでも手に入れたいもの」ではないので執着がない。たとえ「バナナ」がやってこなくても落ち込まない。

練習する時に使うのはバナナでなくても、りんごでも10円玉でも、「引き寄せができてもできなくてもどっちでもいいもの」ならなんでも構いません。脳に「指令」した後に、どのように目に飛び込んでくるのか、あるいは、誰かからプレゼントされるのか、「引き寄せ」を体験してみてください。そうすれば、あなたが強く手に入れたいと思っているものにも、いずれその感覚を使ってニュートラルに願い、引き寄せることができるようになります。

26

心が抵抗しないもので練習する

「もっと稼ぎたい！」と言ったら「じゃあ月収2000万円で部下が100人の仕事をお願いします」と実際にオファーされ、自分には無理だと怖くなり断ってしまう。ちょっと極端ですが、この例は、願いが叶わない理由の1つ、**「自分は欲しいものを持つのに値しない」という心の抵抗**（ブロック）**の、わかりやすいパターンを示しています。**

　心が抵抗しないもので「引き寄せ体験」を練習していくとだんだんコツがつかめていきます。私たちがワークショップでよく使うのがバナナ。バナナは安いですし、「私にはバナナを食べる価値がない！」なんて思っている人は日本にはいないですから。イメージの中で、バナナの硬さ、匂い、食感、味を体験することで、脳に「バナナ」と指令を出す引き寄せ実験です。

　ワークショップでは参加者全員でバナナをイメージをし、その後「バナナ」をゲットできた人に報告してもらうことがあります。本物のバナナはもちろんのこと、セミナー後に行ったスパで「バナナ風呂（!?）」、自販機でお茶を買ったはずなのに出てきたのが「バナナオーレ」、友達の家に泊まりにいったら出てきた朝食が「バナナトースト」、職場でもらったおみやげが「バナナバームクーヘン」など、面白い報告に毎回、笑ってしまいます。「どうやって引き寄せたか」

「バナナの引き寄せ実験」を
やってみましょう。 ➡

https://daiwashuppan.com/event/6420/hikiyose32.m4a

という方法も様々で、たくさんの人の体験談を聞くことによって「こんなのもありなんだ⁉」とだんだん自分の既成概念が外れていきます。

　本書の著者2人は「バナナの引き寄せ実験」を何度もしているので、「バナナ」が重要情報として潜在意識にインストールされています。脳がすぐに「バナナ」情報をキャッチするので、爆笑するバナナ引き寄せ体験は数えきれません。

　フィンランド出張旅行から帰国する飛行機の中でのこと。離陸して落ち着いた頃、通路を挟んで座っていた日本人女性が、隣に座っていた子供に、急に「バナナ食べ！　バナナ食べ！」と言い出したのです。「いらない」と答える子供に、大きな声で何度も繰り返したので私たちは大声で笑いそうになるのをこらえるのに大変でした。

ニュートラルに願う

27

集合無意識で、
バナナつながり

　精神科医で心理学者のカール・グスタフ・ユングによって提唱された「集合無意識」という概念によると、1人ずつバラバラのように感じる私たちは、実は潜在意識で皆つながっていると言われています。『科学で解明！引き寄せ実験集』の第1実験「バナナの引き寄せ実験」にこの概念を示す面白い体験談がたくさん寄せられているので、いくつかご紹介します。

　1人暮らしをしている学生が、授業中に「バナナの引き寄せ実験」をしました。帰宅すると留守中に母親が来ていたらしく、イメージした通りのバナナの房がテーブルに置いてあったそうです。母親が来ることは滅多にないらしく、これまでバナナを買ってきたこともなかったので驚いていました。

　別の学生は「バナナの引き寄せ実験」の後、急遽バイトに行くことになりました。バイト先の居酒屋に到着すると、店長が「これ、お前のために残しといてあげたで！」とバナナが1本、吊るしてあったそうです。犬を飼っている友人は、「バナナの引き寄せ実験」をやった後、朝の散歩中に愛犬がバナナのおもちゃを拾ってくわえて帰ってきました。

　私にも面白い体験があります。何年か前、セミナーで「バナナの引き寄せ実験」をやって遅く帰宅した時のこと。紅茶かな？　と思う空パックが床に落ちていたので、「もう！

69ページの「バナナの引き寄せ実験」に、もう一度トライ！ 現れた「バナナ」を「#引き寄せ大全」でSNSに投稿してみましょう。

またゴミ箱に捨ててないんだから！」と拾ったら、紙パックには「バナナラッシー」と書いてありました。翌朝、息子に聞いてみると、「昨日の夜、喉が渇いてコンビニ行ったら美味しそうだと思って初めて買ってみてん！」と言いました。

また、こんなこともありました。息子がまだ高校生だった頃。当時、手に入れたかった車があったので、「バナナ・レクサス・バナナ・レクサス……」と心で呪文のようにつぶやきながら寝ました。すると次の朝、「今日、学校でバナナDayやねん！」と言いながら「バナナ色」のTシャツを着た息子が現れました。

私たちは皆つながっています。特に家族や親しい人は（そしてペットも）あなたの思考や感情を無意識にキャッチしているのです。

28

夢をたくさん
「オーダー」してみる

　行きたい場所や手に入れたいものなど、叶えたい夢の写真をボードに貼る夢実現ツールである「宝地図」を大学の授業に導入して10年以上になります。

　コースが終了して約1年後に、学生にインタビューをしてデータを取っているのですが、全員が同じことを言います。それは、久しぶりに「宝地図」を見て「あ、この夢も叶っていました！」というセリフです。夢の写真をたくさん貼ったので、全部覚えていないのです。「宝地図」を作った時に、一番欲しいと願っていたものはきっと覚えているでしょう。しかし、「まあ、どっちでもいいか」と思っているもの、忘れてしまっていたもの、そういう夢が叶う確率が非常に高いのです。

　これはどういうことかというと、ニュートラルに願ったからです。**叶ったら嬉しいけど別に叶わなくてもオッケー。**どっちでもよいという心境です。この願い方が最強なのです。66ページでも説明したように「絶対欲しい！」「何がなんでも手に入れたい！」こういう言葉が出る時は執着があります。執着の正体は恐れなので、強く思えば思うほど逆効果になってしまうのです。

　ニュートラルに願う1つの方法が、夢をたくさんオーダーしてみることです。数がたくさんあれば、「どれか1つでも

行きたいところ、欲しいもの、
叶えたい夢の写真を
たくさん集めてみましょう。

叶えばいいや」と気楽になれます。種を蒔く時と同じだと思ってください。1つだと「芽が出てくるかな？　大丈夫かな？」と意識のフォーカス（焦点）が向きすぎて心配になり執着になります。パラパラとたくさん蒔いておいて「どれかは出てくるだろう」くらいの軽い感じで、夢も小さなものから大きなものまで、たくさん持っていればいいのです。

ニュートラルに願う

073

29

「陰だ陽ダンス」のすすめ

　「引き寄せの極意は"ニュートラル"に願うこと」（66ページ）にまつわる面白い体験をしました。「久しぶりに花火をゆっくり楽しみたい！」と思ったある夏のこと。「引き寄せ」の第1ステップは脳に指令（オーダー）すること。そこで、花火を見ながら「きれい〜〜！　幸せ〜！」と感じている場面をイメージしました。

　すると、バルコニーから花火大会が見えるマンションに住んでいる友達のことが頭に浮かんだので、その友人にすぐ連絡して、当日一緒に花火を見れないかと、聞いてみました。すると「当日の予定はまだわからない」という返事だったので、「見れたらラッキー。ダメでも別にいいか〜」と思っていました。それから数日後「花火一緒に見れるよ！」と嬉しい返事をもらえたのですが、実はこの話には続きがあります。

　花火大会の5日ほど前、その友達、そして娘たちと一緒にプールに行きました。抽選があったのでくじを引いたら、なんと！　その花火大会の観覧特等席が2席当たったのです。それも前から3列目。結局、そのチケットは「欲しい！」と即答した娘にあげました。

　私は抽選やビンゴで当たることは滅多にないのですが、「どっちでもいい」と思っている時だけ当たるのです。

　「どっちでもいい」という気持ちで「ニュートラルに願う」

「陰だ陽ダンス」を踊ってみましょう。

https://daiwashuppan.com/event/6420/hikiyose36.mp4

ことができるようになる、簡単で効果抜群の方法を1つ紹介します。それは「陰だ陽ダンス」。駄洒落（だじゃれ）のような「**いんだよ〜🎵いいんだよ〜🎵陰でも陽でもいいんだよ〜🎵**」という歌に合わせて体を左右に揺らすだけのものですが、これがとても深いのです。

このダンスを発明したのは小林正観さんの教えを伝えている正観塾師範代の高島亮さん。私はこのダンスを朝に仲間とやり始めて数ヶ月後、色々なことに対して「まあ、どっちでもいいか〜」と思考が変化していることに、ある日突然気づきました。

歌って体を揺らすことで、視覚、聴覚、触覚を使い、潜在意識に「中庸に戻れる」思考習慣をインストールできる効果抜群の方法です。ぜひやってみてくださいね。

いいんだよ〜🎵
いいんだよ〜🎵
陰でも陽でも
いいんだよ〜🎵

30

思考ではなく直感に従おう

　直感と思考は違います。あなたは普段どちらに従って生きていますか?

　直感とは「直接感じる」と書くように、潜在意識から直接届く、言葉にならない感覚のこと。思考とは顕在意識で考えるもの。例えば、日常生活の中で次のような経験はないでしょうか?

　1.「あ!　これだ!」という直感がやってくる（潜在意識）。

　2. どうしようか色々考える（顕在意識）。

　3. 恐れ、やらない理由、できない理由が出てきて、やめる。

　この時、あなたは潜在意識ではなく顕在意識（思考）に従っています。

　アインシュタインは「直感的なマインドは神聖なギフト（尊い能力）であり、合理的なマインドは忠実な召使いだ」と言っています。**直感的なマインド＝潜在意識、合理的なマインド＝顕在意識**。私たちは召使い（顕在意識）ではなく神聖なギフト（潜在意識）に従わなくてはいけないのです。これまでの社会は論理的思考が重視されすぎてきましたが、ギフトを受け取りたいなら、直感重視に反転させる必要があります。

　ある時、大きな講演会に登壇する機会があり声をかけてもらいました。

　①「あ!　これだ!」と直感で感じたので、すぐに「やら

ふと思い出した人に、理由は考えずに「ふと思い出したので……」と連絡してみましょう。

せていただきます！」と即答しました（潜在意識）。

　②しかし、その後すぐに「自分にできるのだろうか？　役不足ではないだろうか？」と恐れの思考が次から次に溢れ出てきました（顕在意識）。

　③恐れに負けず、直感に従って登壇したところ、その講演会は結局、私にとって大きなステージアップの機会となり、新しい人脈ができるきっかけにもなりました。「よく考えてお返事します」と言って色々考え、顕在意識に従っていたら、きっと断ってしまっていたことでしょう。

「あなた」（顕在意識＝召使い）のやるべきことは、潜在意識からの直感をキャッチすることと、その通りに行動することです。**直感と思考が違う答えを出してきたら直感に従ってください。**

あやちゃん！

あやちゃん、元気？

直感を信じる

31

直感と思考を
簡単に見分ける方法

　前項で直感に従うことの大切さを説明しました。では思考と直感はどうやって見分ければいいのでしょうか？　1つの簡単な見分け方は、**理由を論理的に説明できるかどうかで判断する方法**です。

　例えば就職先を決める時、顕在意識での思考は「2社から内定をもらった。収入以外の条件はほぼ同じだから収入の高いＡ社を選ぼう」。こんな感じで、論理的に説明できます。一方、潜在意識から直感として受け取るメッセージは、「2社から内定をもらった。収入以外の条件はほぼ同じ。本当なら収入のよいＡ社のほうを選ぶべきなのだけれど、なぜかわからないけど嫌な感じがするからＢ社にしよう」といったように、自分（顕在意識）で理解できなかったり、理由を説明できないこともあります。あえて言葉にするとすれば「なんとなく……」「なぜかわからないけど……」という感じでしょうか。

　そしてその後、Ａ社が倒産する、といったようなことが起こる。直感は答えだけを送ってくることもあるので、論理的に理由を説明できないことが多いのです。

　日本の学校教育では論理的思考や計算など、左脳を鍛えることが今でも重要視されています。何かを分析したり、ディスカッションをするクラスはあっても、「直感の磨き方」の

なんとなく気が乗らない誘いを
断ってみましょう。

ようなクラスはありません。

　情報が溢れ、色々なことが瞬く間に動いていく時代には、適切な判断や決定を迅速に行うためにも、直感力がますます必要になってきます。スティーブ・ジョブズは「直感は知力よりもパワフルだ」という言葉を残しています。**誰の中にもある直感という素晴らしい能力をもっと活用してください。**答えを自分の中からもらえるなんて素晴らしいことだと思いませんか？

直感を信じる

32

"なんとなく"の選択は、
生理的な反応に基づいている

「なんとなく……」「なぜかわからないけど……」という、**言葉にはできない感覚を大切にしてください。**私たちは直感を使うと、より早く、正確な意思決定をすることができます。

直感は論理を飛び越えて、正しい答えを教えてくれることを示した、アイオワ大学の認知神経科学研究者たちによるカードゲーム実験を紹介します。

4つのカードの山（デッキ）が裏向きに置いてあり、被験者はどのデッキからでも自由に1枚ずつ選んでいきます。カードをめくると「○ドルの勝ち」「○ドルの負け」というように記されています。ゲームの目的は損失を最小に、勝ちを最大にすること。AとBのデッキは大勝ちも大負けもあるリスクが高い「悪い」デッキ、CとDは大勝ちも大負けもない確実に儲かる「よい」デッキ。必勝法は「よい」デッキ（CとD）からカードを選ぶことなのですが、被験者には何も知らせず、どの時点で必勝法に気づくか、を調べました。

脳が正常な被験者たちは、50枚目くらいになるとデッキAとBのリスクが高いことを"なんとなく"予感するようになり、80枚目になると、なぜAとBがリスクが高く、CとDがよいのか、論理的に説明できるようになりました。

実はこの実験では、被験者の手に、ストレスに反応する汗腺から汗の出方を機械で測定しており、10枚目で「悪い」

次回、飲み物を買う時に、
「なんとなく……」という感覚で
選んでみましょう。

デッキにストレス反応が示され、被験者たちは自分で気づかずにリスク回避する行動を始めたのです。"なんとなく"直感で「ＣとＤがいいのでは？」と感じたのは、生理学的反応に基づいていたということです。

　この実験結果からわかることは、顕在意識で論理的に理解するかなり前に、「直感」ではすでに正しい答えがわかっていたということ。そして直感による正しい判断は、「汗をかく」という身体的な微細な感覚に基づいていたということです。

　このように、直感が先で、論理的な理解は後なのです。直感は、思考で理解できる前に送られてくるメッセージです。

直感を信じる

33

「ピッパ!の法則」
直感の磨き方

　以前の私は、直感を信じていなかったので、いつも論理的に考えて行動していました。「思いつきで行動するのは軽率であり、失敗しないように慎重に考えて行動することがよい」と教えられて育ったからです。

　しかし、直感のすごさを理解してから、自分も使えるようになりたいと思いました。直感は誰もが使える感覚ですが、これまで使っていなかった場合は、本来の感覚を思い出すまで練習が必要です。

　直感の磨き方は簡単!「ふと……」「なんとなく……」と思った時に、すぐに行動（アクション）を起こしてみることです。「なぜそんなことを思ったんだろう?」と理由を探す前に、「どうせ無理だろうし……」と思考が邪魔をする前に、行動してみるのです。これを「ピッパ!の法則」と呼んでいます。

　私は小さなことから始めました。例えば、誰かのことをふと思い出したらその人にすぐ連絡してみる。レストランでオーダーをする時、メニューを見た瞬間に美味しそうと思ったものを選ぶ。書店に行った時に、タイトルを見て「面白そう!」と思った本を目次も見ずに買ってみる、など。そうすることで、長い間会っていなかった親友とご主人が私の研究分野の1つであるポジティブ心理学の著名な研究者になって

レストランで、オーダーするものを
直感で「ピッ！」と選んでみましょう。

いたり、驚くほど巨大なヒラメが出てきて隣席のご夫妻と顔を見合わせて爆笑することになり、そこから会話が生まれ、研究に関する重要な情報が見つかったりしました。

　直感トレーニングを重ねていくうちに、直感が当たる確率が上がっていきました。そして、直感で「ピッパ！」と動いて想定外の素晴らしい展開になったら、その時の感覚を覚えておくようにしました。

　直感力が鍛えられて当たる体験が増えていくと、直感をどんどん信じられるようになっていきます。今は、直感がやってきたら、「そうなんですね。今はまだ理由もよく理解できませんが、それをやってみます」と、私は直感（潜在意識からのメッセージ）に従えるようになりました。

　忘れないでください。**私**（顕在意識）**は潜在意識の「召使い」で、ギフトを受け取るには、潜在意識からのメッセージ**（直感）**に従うのです。** これができるようになると、１歩ずつ進むのではなく一気にジャンプできるようになります。「直感は論理を超えたもので、お決まりの思考プロセスをすべて省略し、問題から解決に一気に飛ぶ」からです。

　あなたもぜひ、直感トレーニングをやってみてください。誰にも聞かずに自分の中から答えがもらえる。こんな素晴らしい安心感はありません。

34

違和感を大切にする

　違和感は言葉を介さずに潜在意識から送られてくる直接の
メッセージであり、直感の１つであると言えます。「明確に
違う」と論理的に説明できない微妙な感覚ですが、**この微か
な違和感はほとんどの場合、正しいのです。**

　さて、違和感とは何でしょうか？　web上の「コトバの意
味辞典」によると「調和を失った感じ、しっくりしない感じ、
普段とはことなり不自然な感じ、他とちぐはぐで合わない感
じ、などを意味する言葉」となっています。

　自宅をリフォームした時のこと。リフォーム中は近くに仮
住まいして、時々様子を見に行っていました。ある日、新し
く付け替えられたクローゼットの扉を見た瞬間、「あれ？」
という微かな違和感を覚えました。しかし、頭では理解でき
なかったので、そのままスルーしてしまいました。

　それから数日経ってから、その違和感の原因が何であった
のかがわかりました。新しいクローゼットの扉はリフォーム
前より20cmほど高くなるはずだったのですが、工務店が間
違えてリフォーム前と同じ高さの扉を取り付けてしまってい
たのです。新しく取り付けられたクローゼットの扉が目に
入った瞬間、潜在意識はそれが「違う」とわかり、瞬時にし
て違和感として送ってきてくれていたのです。私が感じた違
和感は正しかったのです。しかしスルーしてしまい、顕在意

違和感に注意を向けてみましょう。
少しでも違和感を感じたら、
メモしてみましょう。

識でそれを思い出し、図面で確認して確信するまでに数日間
かかったのでした。

　このように、潜在意識は違和感という、言葉を介さない感
覚で、大切なメッセージを瞬時に送ってくれているのです。
直感は思考よりも早く、そして正確にあなたに答えをくれる
強力な味方です。今度、違和感を覚えた時は言葉にならない
大切なメッセージを潜在意識が送ってきてくれていると気づ
くチャンスです。それに気づくことができれば、少し後に
なって、論理的に理解し、言語化できるタイミングがやって
きます。

直感を信じる

35

夢からメッセージをもらう

　顕在意識が働かない**睡眠中に見る夢は潜在意識の領域であり、私たちは皆、夢から必要なメッセージをもらうことができます。**発明王エジソンは「潜在意識に願い事をせずに眠りについてはいけない」という名言を残しましたが、必ず枕元にメモとペンを用意して夢からのメッセージを書き留めていました。夢を見る状態であるレム睡眠が、問題解決を促したり創造性を高めることが最近の脳科学の研究でも明らかになってきています。

　夢からのメッセージは世紀の大発明のためだけではなく日常生活にも利用できるので、私の体験談を１つお話しします。

　ある時、ゴスペルライブ（発表会）チケットが２枚余っていて、誰かにプレゼントしたかったのですが、頭（顕在意識）で色々考えても、スケジュールが空いてる人やピンとくる人が思いつきませんでした。そこで、寝る前に「ゴスペルを見に来てくれる人のヒントをください」とお願いしてから眠りにつきました。そうすると、明け方の夢に中学校時代の友人が出てきたのです。

　起きてから「夢にAちゃんが出てきた。でもしばらく会ってないし、ゴスペルを習っていることも言ってないからちょっと違うかなあ」と思ったので、「夢に出てきたんだけど元気してる？」とだけ書いて、とりあえずメールを出しま

枕元にペンとメモを置いて、寝ましょう。

した。そうすると「え～⁉　実は私もちょうど連絡しようと思ってところだったの。報告したいことがあって……」という返信。そこで、「実は、今ゴスペルを習っていてライブチケットが2枚あるんだけど、興味あるなら来る？」と聞いたところ、「行きたい。1人友達連れていっていい？」という返事が来たのです！　チケットが2枚でピッタリでした。

　そして、当日彼女が連れてきた人は……新しい彼‼　実は、新しい彼を紹介したかったので私に連絡を取ろうと思っていたそうです。2枚のチケットは私の友人とその男性のために用意されていたのでした。

　このように、**潜在意識は顕在意識では解決できないことをヒントや答えとして教えてくれる**のです。

直感を信じる

36

こうして嬉しいことが
どんどん起こる

　今、いい気分ですか？　嫌な気分ですか？　その感情が「引き寄せ」を起こします。

　目に見えないミクロの世界を扱う量子力学では、すべてのものは粒と波の性質を併せ持ったエネルギーとして扱われます。そして**自分の放っている周波数と共鳴するものが現象として現れる**、これが「引き寄せ」です。感情も目に見えないエネルギーであり、周波数があります。

　ルンルン気分でいるとその周波数に共鳴するいいことがまた起こります。ありがたいなぁと感じていると、またありがたいことが起こります。逆に、イライラしていると、また腹が立つことが起こります。あなたが発している周波数と共鳴する人や出来事を「引き寄せ」るのです。

　欲しいものがすべて手に入り、最高で幸せな人生を生きているあなたは、どんな気分で1日を過ごしているでしょうか？　きっと、目覚めた瞬間も、食事をしている時も、仕事をしている時も、友達と会ってる時も、1日中ずっとご機嫌なはずです。「自分の夢が叶ってここまでこられたのは、お世話になったたくさんの人のおかげだ」と、いつも感謝の気持ちでいっぱいでしょう。

　今、その感情を「未来先取り」するチャンネルに意識を合わせてください。聞きたいラジオ番組の周波数に合わせるの

大好物を食べて、
自分をご機嫌にしましょう。

と同じです。そうすればその感情の周波数に共鳴する現実が必ず現れる結果になります。**最強の引き寄せ法、それは「感情の未来先取り」**なのです。

　いつもあなたの感情を見張っていてください。ご機嫌で幸せな気分でいる時間を増やしていってください。

　自分で自分の機嫌を取って、いい気分でいられるようになると、一気に引き寄せ力がアップして、いいこと、嬉しいことがどんどん起こるようになってきます。

いつもいい気分

37

嫌な気分を抜け出す方法

娘が東京の大学に行くことになり引っ越しをすることが決まった時のこと。彼女は私にとって癒しの存在でもあり、とても仲良しだったので、「ママ、寂しくなるな〜」「I'll miss you!!」を繰り返していました。

しかしそうすると、「いなくなる」ことに意識のフォーカスがどんどん向き、涙が出そうになるくらい悲しくなってしまいました。そこでハッ！と気づいたのです。「**あ、この感情、自分の言葉で創っている**」と。「いなくなる」ことばかりに意識を向け、「寂しい、寂しい」と繰り返すことで、「いなくなること」「寂しいこと」を脳に指令していたのです。反復練習でさらに寂しさを強化しているようなものでした。

それに気づいたので「寂しくなるな〜寂しくなるな〜」と言うのをまず、やめました。そして「子育てが終わって時間が増えるから新しい趣味を始めようかなあ。何をしようかなあ〜」「これから毎日、晩ごはんを作らなくてよくなるから、帰宅時間を考えずに仕事もできるなあ」などと、意識を「できること」「楽しいこと」に意図的に向けました。そうすると、悲しい気持ち、寂しい気持ちは和らいでいき、そのうち、ほとんど出てこなくなったのです。

東京への引っ越しの手伝いが終わって、神戸の家に帰るために、「Bye! I love you!」と言って娘とハグをし、逆方向の

「楽しいな〜」と 5回言ってみましょう。

ホームに向かった時は、さすがにまた寂しい気持になりましたが、感情がどのように創られるかを理解できていたので、以前に比べれば切り替えが上手に早くできて、娘がいない生活もすぐに楽しめるようになりました。

私たちは言葉で思考を創り、思考で感情を創っています。ですので、感情を変えたい時に言葉を変えてみるのは、1つの効果的な方法です。感情は一時的な状態であり変化していくもの。「嫌な気分」になることは人間誰しもありますが、「いい気分」でいることが究極の引き寄せのコツなので、できるだけ早く「嫌な気分」から抜け出せる工夫ができればいいですね。

いつもいい気分

寂しい、寂しい

どんな趣味を始めようかな?

38

褒められた時は「ありがとう」

「謙虚さは美徳」と言われます。謙虚の精神は素晴らしいですが、言葉の使い方には気をつけなければなりません。

例えば、褒められた時に「いえいえ、まだまだです」「私なんて全然ダメです」などの表現を使っていませんか？　当たり前になりすぎて、使っていることにも普段気づいていないかもしれません。しかし、このような表現を使っていると、あなたの脳は「まだまだ」「全然ダメ」を探してあなたの世界に見せてくれるでしょう。知らないうちに自分自身で自己肯定感を下げているかもしれません。

言葉を声に出す時は特に注意してください。頭の中にある考えを声に出す時、脳から指令を出して喉の細胞を震わせ、音として言葉を発し、それをまた自分の耳から聞いて、脳に音声信号として送り、理解して強化しています。この現象は「音声ループ」と呼ばれ、情報の記憶保持や定着、学習効果の向上などに関係しています。

あなたはあなたの言う言葉をすべて聞いて、その記憶が定着するのです。

私も以前は「いえいえ、そんなことないです」「まだまだです」などの謙遜表現を使っていましたが、何気なく自分が使っている言葉がどれだけ人生に影響しているかを知ってからは、「ありがとう！　嬉しい！」「○○さんにそう言っても

褒められた時は「ありがとう！　嬉しい！」
「○○さんにそう言ってもらえるなんて、
とても光栄です！」
などの表現を使ってみてください。

らえるなんて、とても光栄です！」と意識して答えるように変えました。そして心の中では「I know! I know!（わかってるわかってる！）とつぶやきます。相手がお世辞で言っているか、本気で言っているかは関係ありません。「ありがとう」と素直に受け取ることを自分で決めるのです。

　これは、自分の素晴らしさを受け入れる練習でもあり、実践することで自己肯定感も自然と上がります。自分は素晴らしくて当たり前。このように**潜在意識が書き換わると、現実は必ずそうならざるをえない方向に動き出します。**

いつもいい気分

39

誰でもイメージ力を発揮できる
シンプルな方法

「引き寄せ」を起こすワークには、3段階があります。

第1ステップは、文章で書き出すワーク。心の中にある目に見えない思いを可視化できる点が優れています。

第2ステップは、それを声にして発すること。他人に知ってもらえるということはもちろん、声の波動が骨振動で、自分の体の隅々まで行き渡る点が優れています。古来より存在する「聖なる書」には、「神々が○○と言った」ことで、人間や動物が創られたとあります。神は、書いたり、イメージする必要がないのでしょうが、私たち人間の場合は、イメージの密度が上がっていくと、現実になる可能性が一気に上がります。

第3ステップは、想像すること。イメージには、人により得意不得意の差があります。頭の中にまったく立体が浮かばない人、平面で見える人、白黒で見える人、カラーで見える人、リアルな3Dでくるくる回る人、香りや音までついている人など。例えば、「高さ70センチ幅90センチ奥行き90センチ、天板の厚み3センチ、丸足の桜の木製テーブル、オイル仕上げ」といっても、建築関係の人しかイメージしづらいでしょう。しかし、写真で見れば一目瞭然です。

イメージだけで、筋肉がつくビジュアライゼーションのデータは217ページでも紹介していますが、**イメージ力のい**

健康だからこそできることについての写真を探してみましょう。

かんにかかわらず、写真を探して望みに近いものを発見できると、どんな人でもイメージ力を発揮することができます。

　まず文字に書き出したら、それを声にして口に出し、口にしたことについての写真を探す行動をしてください。その中で、しっくりくるものを発見できたら、プリントアウトして目につくところに飾っておきましょう。

　さて、想像するイメージや写真が、開発に影響したのではないかと私が考えている例をご紹介しましょう。

　ロボットの概念が登場したと言われる戯曲『R.U.R（ロッサム世界ロボット製作所）』（カレル・チャペック作、1920年）には、人間が甲冑（かっちゅう）のような金属製の衣装を身につけて登場し、３年間で30ヶ国語に翻訳されました。『スターウォーズ』のC-3POは、それと似た風貌をしています。

　一方、日本では『鉄腕アトム』が登場します（手塚治虫作、1952年「少年」（光文社）。1963-1966年フジテレビ系）日本初の30分連続テレビアニメだった『鉄腕アトム』に、再放送も含めて当時の少年少女は夢中になりました。ホンダのASIMOからソフトバンクのPepperに至るまで、日本のロボットは丸みある可愛い風貌。人間に寄り添い思いやりがある『鉄腕アトム』のイメージが知らないうちに開発に影響していたのではないでしょうか。

40

望まないことはなぜ
すぐに叶うのか?

「叶ってほしいことは、なかなか引き寄せられないのに、願っていないことはすぐ引き寄せてしまうのですが……」という相談を受けることがあります。

例えば、「来週の同窓会、楽しみ。でも子供が熱を出したら困るな。嫌だな。熱が出ませんように……」と思っているとしましょう。そして同窓会当日に子供が熱を出して「あ〜あ。やっぱり……ガッカリ」というような経験をしたことはありませんか?

私たちは叶ってほしくないことに対して「どうやってそれを実現しようか?」とは考えません。「どんな方法で子供に熱を出してもらおうか?」なんて考えることもありません。ここに願望実現の大きなヒントがあります。

願ってもいないことが実現しやすいのは、イメージだけをして方法を考えないからです。願わずして「子供が熱を出した」イメージをして「嫌だな」という感情を"上手に"未来先取りしているのです。まさにそれが具現化します。

叶えたいことに関しては「どうやって叶えたらいいのだろう?」と、思考がすぐ手段に向いてしまいます。「どうやって叶えよう?」と考え始めると「難しい・無理」という方向に行ってしまいがちです。

夢の具現化を邪魔しているのは、実はあなたの思考だとい

望まないのに叶っていることを
3つ書いてみましょう。

うことを覚えておいてください。

　望まないことを引き寄せるのが上手なのであれば、同じ方法で望むことも引き寄せることができます。それは、方法を自分（顕在意識）で考えず、叶った結果だけをイメージし、その時の感情を「未来先取り」することです。方法は潜在意識に任せてください。100ページで説明しますように、思考が邪魔をしない、イメージをするのに適した時間帯や状態で「望む結果」のみをイメージしてみてくださいね。

イメージのコツ

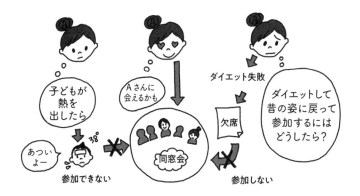

097

41

子供はイメージの達人

　教え子のピアニストのコンサートに招かれて、当時小学生だった娘と行った時のこと。ピアノと弦楽器のコラボ演奏がとても素敵だったのですが、バイオリンを弾いていたのが小学生で、それを見て娘は何かを感じたのか、コンサートの帰り道、急に「バイオリンを習いたい！」と言い出しました。「そうなの？　バイオリン習いたくなったの？」と娘に言いながら、心の中では「え？　バイオリン？　ピアノもやめたばっかりなのに……。本当にやりたいと思ってるのかしら？　今だけかも……、バイオリン高いだろうし……」という声にならないつぶやきが……。

　どうやら娘は本気らしいので、検討してみることになったのですが、私はバイオリンを習ったこともなく、バイオリンについての知識もありません。どこで買うべきなのか、どのくらいの値段が相場なのか、誰かバイオリンを弾く友人はいなかったか、など思考を巡らせ始めました。

　それから数日後、私は娘と一緒にお料理会に参加したのですが、その帰りに娘が「ママ、バイオリン見つかったよ！」と言うではありませんか⁉　「え？」と言うと、「Mさんが持ってるんだって」と言うのです。Mさんはママ友で、そのお料理会に来ていたので聞いてみると、「子供が小さい時にバイオリンを習わせていて、もう使わないから譲ってあげる

欲しいものをすでに使っているところを
イメージしてみましょう。

よ！」となんと、5000円で譲ってもらったのです。

　Mちゃんが息子にバイオリンを習わせていたことを、私は
まったく知らなかったのです。バイオリンを見つける方法を
思考で色々考えていた私と、**方法は何も考えず、「バイオリ**
ンを楽しく弾いている自分の姿」という望む結果だけをイ
メージをした娘。あまりにも対照的で笑ってしまいました。

　子供は本当に素直です。「○○は無理」という邪魔をする
思考もなく、手に入れるための方法を考えることも少ないの
で、イメージしたものを想定外の方法ですぐに「引き寄せ」
ることができるのでしょう。**子供はイメージの達人です。**子
供から学びましょう。

イメージのコツ

42

イメージするのに最適な時間

「イメージしただけでうまくいくんだろうか？」「イメージで叶うんだったら誰でも夢がすべて叶っているんじゃないの？」「自分には難しい」

　このような**思考のおしゃべりは、イメージするのを邪魔します。**96ページで、妨害者は実は自分（顕在意識）だとお伝えしましたね。顕在意識が圧倒的に優位なのは日中です。思考したり心配する時、脳波はベータ波（12~25Hz）になり、夢をうまくイメージすることができないのです。

　イメージするために最適な状態は顕在意識（思考）があまり働かない時です。つまり、寝る前や目が覚めたばかりでボ〜ッとしている時、あるいはリラックスしている時です。脳波で言うとアルファ波（8~12Hz）やシータ波（4~8Hz）です。

　イメージトレーニングを行う際、体をリラックスさせて深呼吸をし、目を閉じて行うのは、脳の回転数を下げ、副交感神経を優位にさせて効果を上げるためです。実際、目を閉じるとアルファ波が現れやすくなります。

　誰にでも**顕在意識が働かない黄金の時間帯**がありますが、いつだかわかりますか？　それは寝ている時。眠っている時は顕在意識が０％、潜在意識が100％。寝る前のボ〜ッとしている時や目覚めてすぐの半分まどろんだような状態の時は顕在意識の働きが弱く脳波が下がっている時。思考のおしゃ

こうなったら最高だなと思う場面を浮かべて昼寝してみましょう。

べりも出てきにくくなります。その時がイメージする最適なタイミングです。

　発明家のエジソンは昼寝でうとうとしていた時に素晴らしい閃き（ひらめ）を受け取ったと言われています。毎日寝る前と目が覚めた直後、まだ半分夢の中にいるような状態で、こうなったら最高だなと思う場面を浮かべてニヤニヤ（ニヤニヤした時の気持ちが願望が実現した時に近い）してください。うまく潜在意識にインストールすることができます。

イメージのコツ

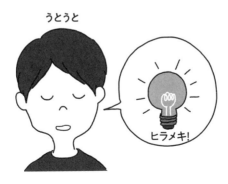

うとうと

ヒラメキ！

43

「今日がよい１日だった」と 思えるために

夜眠る前と朝起きてすぐの時間帯は、「引き寄せ」を発動させるイメージングに適した時間帯です。

脳が記憶を整理して、長期記憶を強化するのは深い睡眠中です。悩みやストレスを抱えたまま眠ってしまうと、深い眠りが得づらく、記憶・学習・意思決定能力の低下、気分の不安定などの弊害が起こります。そこで、**眠りに悩みを持ち込まず、引き寄せ発動もできる一石二鳥の方法**をお伝えします。

布団の中で横になったら、目を瞑って深呼吸をします。深呼吸は長く細く吐くことに集中すると、リラックスしやすいのでお試しください。次に、心臓のあたりに七色の光でできた虹の川が流れているのをイメージしてみてください。そして、悩みや嫌な思いが出てくるたび、虹の川に流すイメージを繰り返します。最初のうちは、たくさん出てくるかもしれませんが、毎晩続けるうちに、だんだん出てこなくなります。ここまでで終わったとしても、リラックスできますので上々。

嫌な記憶や感情が出てこなくなってから、楽しいことを考えます。好きなことや楽しいことを考えたり、実際に夢や望みが実現したつもりでイメージして、幸福感を味わいます。その状態のまま眠ると、ゲームのセーブポイントのように、翌朝その幸福な瞬間からスタートできます。

朝起きてすぐは、眠りから完全に覚めていないと考えられ

朝起きてすぐ、『未来先取り日記』の なぞり書きを始めてみましょう！

ています。この時間帯には、**小さなことに感謝して心を満たすようにします。**何も思い浮かばなければ「**今日も生きて目覚めた。ありがとう」と言う**のはどうでしょうか。それに続けて、ちょっとした小さなラッキーが起きるイメージをして、起きましょう。こうすると、今日が「よい1日だった」と思える可能性が高くなると言われています。同じ効果を、『未来先取り日記』（大和出版）をなぞり書きしても得られます。

　目覚める直前の体や心の感覚を記憶しておき、アクシデントが起きても、朝の感覚に戻れたら最高です。ハイテンションでもローテンションでもない、中庸・ニュートラルな状態に、一瞬で戻れます。

イメージのコツ

103

44

「ないないモード」と
「あるあるモード」

　何かを引き寄せたい時、心の状態について気をつけること
があります。「○○が欲しい」というのは「今○○がない」
と言い換えることができます。「お金が欲しい」＝「お金が
ない」「パートナーが欲しい」＝「パートナーがいない」と
いう状態です。

　そのような状態の時に「欲しい、欲しい、欲しい」と強く
願えば願うほど、実は逆効果です。なぜならそれは「ない、
ない、ない」と脳に指令してしまうことになるからです。そ
うすると、脳は「ない」状態をさらに探し出してくるでしょ
う。何かが欲しくて手に入れたい時は、**まず心の状態を「な
いないモード」ではなく「あるあるモード」に切り替える
ことが大切**です。

　「ないないモード」の欠乏感が "不満" な気持ちだとすると、
「あるあるモード」の満足感は "感謝" の気持ちです。そこで、
今すでに「ある」ものに感謝することから始めてください。
「私には健康な体がある。ありがたい」「私には住む家があ
る。ありがたい」「私は毎日食べるものがある。ありがたい」
「ありがたい」という気持ちでいっぱいになった後、そのま
まの心の状態で、あなたが欲しいものが、まるですでに手に
入っているようなイメージをします。そして「あぁ、ありが
たい」と感じてください。

今、「ある」ものを
10個書き出してみてください。

　今はまだ手に入っていないものをイメージする時のコツが
ここにあります。脳に「すでに手に入っている」と勘違いさ
せるのは満足感です。その究極の感情が「感謝」なのです。
感謝の気持ちの「未来先取り」をするのです。

今、すでにあるもの	
1）	6）
2）	7）
3）	8）
4）	9）
5）	10）

45

「画像+言葉」で
右脳も左脳も使う

　自分の頭の中にある「見えていない」ものを可視化（見える化）することが、夢の実現に効果があることが、様々な研究で明らかになっています。

　可視化すると、客観的に観察できるようになります。

　例えば、あなたも言葉や文章を使って「目標を書いて壁に貼る」「手帳に書く」という方法を試したことがあるかもしれませんね。これは、左脳に働きかける方法です。言葉は左脳が司っているからです。

　また、写真画像や映像、イラストを使って自分の夢を可視化する方法もあります。これは右脳へ働きかける方法です。イメージは右脳が司っています。そして、左脳記憶より右脳記憶のほうが処理速度が速く膨大な量の情報を記憶できるので、**画像（イメージ）を使うほうが言葉で夢や目標を書くよりも長期記憶に残りやすく、はるかに効果的**です。

　Paivioの2重符号化説によると、記憶に残ってもっとも効果的なのは、右脳と左脳の両方を使ってイメージと言葉を組み合わせる方法。ですので、叶えたい夢を表す写真に言葉を添えると一番効果的です。

　例えば私は、「憧れのリゾートホテルでゆったりした時間を過ごしたい」という夢があったので、そのリゾートホテルの写真に「上質な『時』を過ごすラグジュアリーホテル」

叶えたい夢を表す写真に言葉を追加して、
いつも目につくところに貼ってみましょう。

「リラックス〜」といったフレーズを追加しました。そして
それが現実になりました。

　このように、自分の叶えたい夢を表す画像に言葉を追加し
て、いつも目に見えるところに貼っておくことです。この
ちょっとしたコツで効果が何倍にもなります。

上質な「時」を過ごす
ラグジュアリーホテル

リラックス〜

イメージのコツ

107

46

「さまよう思考」を
観察してみる効果

思考には2種類あります。

1つ目は、「今から温泉旅行の計画を立てよう」とか「今月の売り上げ合計を計算してみよう」など自主的に使う思考です。

2つ目は自然に浮かんでくる思考。何も考えようとせず、ボ〜ッとしてみてください。今から10秒後に自分がどんなことを考えているか、どんなアイデアが出てくるか予測できますか？　できませんよね？「あの人にメールするのを忘れていた！」「昨日の飲み会は楽しかったな〜」「○○さんは元気にしているかな？」など。私たちには、起きている間中、絶え間なくいろんな思考が浮かんできます。

こういう、**予測できない日々の「さまよう思考」に私たちは気づかないうちにコントロールされています。**人によっては「さまよう思考」にパターンがある場合もあります。例えば、過去の後悔がよく出てくる人。将来の不安ばかりが出てくる人。

自分の中でどんな「さまよう思考」が出てくるかに気づくための素晴らしい方法の1つが瞑想です。難しいやり方は必要ありません。**目を閉じて、どんな思考がやってくるか観察してみてください。**自分の視点とは別に、ビデオで録画するような第三者的な観察視点をもう1つ作るのです。何か思考

10分の時間を取り、目を閉じて、
どんな思考がやってくるか
観察してみてください。

が出てきても、それを追いかけないでただ眺めるだけ。

　もし特定の自分の思考パターンに気づくことができたら、大きな進歩です。「思考は現実化する」と言いますが、自分では普段気づいていない思考パターンが現実化していることも多いのです。気づくことができた時に初めて、好きなように変えることもできるようになります。

　この方法で私は「心配性」という思考パターンを発見することができ、過度な心配をやめることができるようになりました。

ちょっとした「引き寄せ」スキル

47

努力なしで夢を叶える
簡単な方法

あなたは、努力は美しくて、努力しないのはよくないという印象を持っていますか？　ここで言う「努力して夢を叶える」というのは自分（顕在意識）が一生懸命頑張るということ。「努力なしで夢を叶える」とは、自分（顕在意識）が知らないうちに無自覚の行動が起こり、夢が叶ってしまうということを指します。

無自覚の行動を起こしたいのであれば、何気なく五感から入ってくる情報を変えてください。知らないうちにあなたの思考と行動が変わります。これは「プライミング効果」と呼ばれ、心理学の研究ですでに実証されています。

例えばランナーがゴールを切っている写真が背景に薄く載っている資料を見せられた電話オペレーターたちは、自分では気づかないうちに仕事のパフォーマンスが上がりました。「好成績」に関する言葉で練習をさせられた後にパズルをしたグループは、そうでないグループよりも高い成績結果になるのです。

これらは、自覚がない行動、すなわち努力のない行動をもたらします。例えば、ある受講生は引っ越しをしたかったので、「素敵なソファに座ってこういう風景を見ている」という写真を「宝地図」（72ページ）に貼りました。1年後、その学生にインタビューした時、久しぶりに「宝地図」を見て本人

理想の家にいるあなたの
目に映っている情景の写真を
何気なく見えるところに貼ってみましょう。

自身がとても驚いたのです。なぜか？ 「引っ越しをしたい」という願いも忘れてしまっていて、すでに引っ越しをしていたからです。「宝地図」はずっと玄関に置かれたままでしたが、いつの間にか「背景画」のようになっていて、顕在意識では気づかないまま、潜在意識に「引っ越し」という視覚情報が送り込まれ、気づかないうちに引っ越しという行動をしていたのです。

　何気なく視野に入ってくる視覚情報を変える。これが「努力なしで夢を叶える」ための１つの簡単な方法です。

ちょっとした「引き寄せ」スキル

111

48

願いが叶いやすい
周波数がある

　ポジティブなマインドでいると願いが叶うと、よく言われます。実際には、静かな一定の周波数のマインドの時に考えていることが叶いやすいので、**常にありがたいなという静かな気持ちでいると、願いが実現しやすい**というのが正確な表現かもしれません。

　仏壇や神棚、神仏の前で誰かのために祈る時、一定の周波数が出ていると言われています。以前、体調を崩した友人が入院した際に、仲間で祈り合わせをしたことがあります。すると、祈り合わせをした時間だけ、友人の体に取り付けられている測定器の数値が改善したことが複数回ありました。このように、祈りには周波数があり、世界の僧侶や神官が祈り合わせをする時に測定してみると、一定の周波数があるそうです。

　地球にも、シューマン共振という7.83Hzの周波数があります。

　脳波は、1〜4Hzがデルタ波、4〜8Hzはシータ波、8〜12Hzはアルファ波、12〜25Hzはベータ波、25Hz〜はガンマ波と呼ばれています。**思考が自然と同調する周波数にあると、願いが叶いやすくなる**と言われていますが、シータ波とアルファ波の境界くらいが、シューマン共振と同じHzです。

　ポジティブに思考しようとしている時に出ているのは脳が

楽しいことを考えながら、眠りに入りましょう！

活動している時に出るベータ波で、この時点では、願いが叶いやすいとは言えません。

　不安を潜在意識から取り除き安心に置き換え（やり方は102ページ参）、静かなポジティブでいることがいいでしょう。安静にしてから眠りに入るあたりの脳波で、リラックスしている時の周波数が、地球の周波数と同調しますね。

　この入眠前の時間帯に静かにポジティブな思考をすることがベストと言えます。

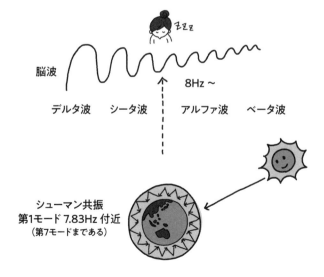

脳波

8Hz ～

デルタ波　　シータ波　　　アルファ波　　ベータ波

シューマン共振
第1モード 7.83Hz 付近
（第7モードまである）

113

49

潜在意識を
一気に書き換える極意

「願いが現実になるまでの時間はどれぐらいですか」とよく質問を受けます。これは、人によって、また体験によって、まちまちです。

例えば、身近な人の死、九死に一生を得た、倒産したなど、人生観が変わるような体験をした直後は、願いがとても強くてシンプルです。**これまで刻み込まれた常識が一気にひっくり返る、衝撃的な出来事が起こった直後は、潜在意識が一気に書き換わります。**もしあなたが今、ピンチの状況にいるとしたら、チャンス！

それと比べて、例えば「まあまあ幸せな日々を過ごしているけれど、ずっとなぜか1人でいるのでパートナーが欲しい」と願うというような場合は、不要な思い込みを紙に書き出すなどして発見して手放し、望む方向に進むように潜在意識を書き換える方法を繰り返すことが有効です。

私は以下の2つの潜在意識の書き換え方法を提案していて、かかる日数は方法ごとに違います。

1つ目は、日々繰り返すやり方。不要な思い込みを流し、必要な思い込みに書き換えて、幸せに豊かになるなぞり書き『未来先取り日記』（大和出版）を実践すること。最初に小さなラッキーが起こったら記録しておけば、潜在意識が書き換わった日数がわかります。Facebook グループ「未来先取り

『未来先取り日記』を始めて、 「未来先取りシェア部」に参加してみましょう！

シェア部」にも投稿して、みんながどれくらい日数がかかったか参考にしたりしながら、楽しんでください。

2つ目は、部屋の模様替えをすること。**一瞬の思いきりと、数日間のパワーを必要としますが、最短で潜在意識を書き換えることができます。**

家族関係がよくなった人、仕事が楽しくなった人は数えきれません。缶コーヒー1本買うお金がなかった状態から、翌月から月収100万円が当たり前になった人もいます。残り少ない寿命のお父様に花嫁姿を見せるために頑張って婚活していたのをやめ、自分らしい部屋に模様替えした直後に理想の人に出会って幸せな家族をした人もいます。

まず、こうありたい自分を紙に描いて、そのイメージに近づく模様替えをしてみてください。潜在意識は目に見えないので、厄介です。これまで無意識に部屋の見た目を整えてきたところを、意識してこうありたいと思うイメージに模様替えをするという訳です。受講生さんの例では、潜在意識の書き換えにかかる平均日数は、模様替えをする1ヶ月間です。**望む潜在意識の状態を"見える化"できているので、その部屋で楽しく暮らすだけで劇的に人生が変わります。**

『宇宙とつながる"お部屋の魔法"』（大和出版）、『片づけ大全』（光文社）の2冊を参考に取り組んでみてくださいね。

ちょっとした「引き寄せ」スキル

50

心の抵抗を知る
「つば飲み込み法」

「心が抵抗することはやらない」と決めると、よいことを引き寄せる確率がアップします。

　さて、「心が抵抗する」とは、どういう状況を指すのでしょうか。「心が抵抗する」とは頭で考える部分ではなく、本音の部分、つまり潜在意識が抵抗する、と言い換えることができます。**潜在意識に刻み込まれていることは、体が自動反応で教えてくれます。**嘘を見分けるために筋肉反射テストが有効であるという研究も報告されています。筋肉反射テストを1人で正確に行うのは難しいので、ここでは1人でできて、体の反応を簡単な指標にできる「つば飲み込み法」をお伝えします。科学的根拠はまだ不確かですが、講座で長年実践してきて、参加者さんからとても喜ばれている方法です。

　まず、次の例文を口に出してつばを飲み込み、喉をすっと通るか通らないかを調べてください。

「私は○○（あなたの氏名）です」

　あなたの氏名を口に出したときに、つばが喉をすっと通ったなら、通った時があなたの「はい」になります。つばがすっと通らなかったなら、通らない時が「はい」になります。

　次に、確信を持つための簡単な練習をしましょう。コンビ

つばを飲み込むワークで、
心の「はい」と「いいえ（抵抗していること）」を
確認しましょう！

ニでふと手に取った飲み物やレストランで注文しようとするメニューについて、「私は○○が飲みたい/食べたい」と口にし、つばを飲み込んでみて、つばがすっと通るか通らないかを確かめます。

　これから何かをしようとする時、「私は○○をやりたい」と言って、つばを飲み込んでみてください。体の反応が「はい」か「いいえ」かで、あなたが幸運/不運どちらの方向に進もうとしているかを予測できるようになります。
　以前、「つば飲み込み法」をやってみたところ、ある女性がシェアしたいことがあると声を上げました。
「私はこれまで、心が男性なのに女性として生きてきました。今日、何度つばを飲んでも、女性ではなく、男性が『はい』でした。これで思いきりがつきました。私の心は男性です。今日から男性として生きたいです」
　この例のように、**思考と違う反応になった時は、なぜそうなったのかを注意して見るようにしてみてください。**センサーが「心が抵抗している」と教えてくれているのに、それをどうしてもやらないといけない場合は、胸が楽に感じる方法を探ってみてください。

117

51

「ハッピーエンド付け足し法」

ネガティブな思考が心をよぎったと気づいた瞬間に、ハッピーエンドを付け足すと、ネガティブなことではなく、ハッピーエンドのほうが実現しやすくなります。私は、このハッピーエンド付け足し法が面白いほどうまくいき、「引き寄せ」にはまることになっていきました。

「ネガティブ思考が現実になるのは、思考のエネルギーが強力ってことだよね。エネルギーの大きさをそのままよい方向に向けたら、いいことが起こるんじゃない？」

と気づいた時、「**脳は最後に言ったこと、考えたことしか覚えていない**」という脳科学者の言葉が偶然目に飛び込んできてピーン！　と閃きました。

「ネガティブ思考に気づいたらすぐハッピーエンドを付け足す。すると、ネガティブ思考の巨大なエネルギーはそのままの大きさで、ハッピーの方向に働き、ハッピーエンドが実現するはず！」

私はすぐにこの方法を実践し始めました。ネガティブ思考をしてると気づいた瞬間に次の幸せな思考や言葉を付け足します。「あぁ、私は、きっと△△……（ネガティブ思考をしていると気づいた瞬間）、きっと○○！（ハッピーエンドをつけ足し、笑ってみる）」といった具合にです。するとなんと、本当にハッピーエンドが現実になる引き寄せ体験が起き始めたことに、

「ハッピーエンド付け足し法」を
始めてみましょう！

驚き、魔法を手にした気分になりました。

この方法を「ハッピーエンド付け足し法」と名付け、ご利益目的で楽しんで日々続けました。するとある日、**ネガティブ思考が出てこなくなっていることに気づいたのです。最初からハッピーエンドの思考や言葉が出てくるようになっていました。**これが、私の潜在意識に刻まれた不要な意識が、望む意識に切り替わった瞬間です。

この体験につながるような脳の記憶に関する研究は現在進行形ですが、情報の最初の部分が長期記憶に残りやすい「プライマシー効果」と、最後の部分が短期記憶に残りやすい「リセンシー効果」があり、途中で覚えたことは記憶として定着しにくいことや、反復学習することによって、情報を長期記憶に定着させることができることはよく知られています。

本や講座でご紹介して大好評を得ているこの「ハッピーエンド付け足し法」。ネガティブ思考を書き換えたいと思っている人ほど、大きな変化が期待できるのでお勧めです。

ネガティブ思考をしていると気づいた瞬間に次の幸せな思考や言葉を付け足す。この時すぐにハッピーエンドが付け足せるように、前もって定型文をいくつか用意しておくといいでしょう。ご利益目的で、楽しみながらしばらく試し続けてみてくださいね。

52

夢のお告げは
願望実現に生かせる

　近年、脳科学の進歩によって夢の研究が進んでいます。この項で述べることは、科学的な観点から見た根拠はまだありません。しかしながら、夢を、願望実現に活用できるケースがあります。

　ある日、建て替えることになった実家に家族が集まり、権利書などの書類を揃えたのですが、この権利書が行方不明になりました。結局見つからず、正式な契約は延期。母と叔母はお互いに紛失の罪をなすりつけあってケンカを始めたので、私はあきれて見ていました。

　さて、取り壊しの日が近づいた実家を片づけて、私の家に母が引っ越してきました。母が持ってきたのは、実家にあった古い黒タンス1つ。その夜、私の夢に亡くなった祖母が出てきて「権利書は、おばあちゃんの写真に重ねてある」と、一言だけはっきり告げて、消えました。ちなみに、祖母は自分を「私」と言いますので、おばあちゃんと言ったのは、ひいおばあちゃんの意味です。

　当時の母と私は折り合いが悪く、普段なら夢の話などしません。でも、この話はなんとなくしなくてはいけない気がして、翌朝「おばあちゃんが夢に出てきて『権利書は、おばあちゃんの写真に重ねてある』て言うねん」と話すや否や、母は黒タンスへ猛突進。何度も探した小引き出しを再び開き、

メモとペンを枕元に置いて寝て、 「夢」を記録してみましょう。

引き出しの底に敷いてあった黄ばんだ古新聞をはがし、その下にしまってある茶封筒を引っ張り出しました。その中から、白粉のモデルをしていた明治生まれの美しいひいおばあちゃんの数枚の写真を取り出すと、その裏からぺらんと、1枚の紙がはがれました。なんと、それは実家の権利書でした！

　衝撃的なこの出来事は、科学で解明されていることしか信じなかった当時の私にとって、もはや事件。この「権利書事件」を機に、不思議な出来事はまだ信じないけれど、夢とあの世はつながっているかもしれないと思うようになりました。

　ちょっと想像してみてほしいのですが、あなたがもし突然亡くなって、目には見えない存在になってしまったら……？死後の体験が一段落ついたら、その後は、ただただ残された家族や大切な人の幸せを祈り願い、助けて応援しようとするのではないでしょうか。きっとご先祖様たちは、あなたの幸せを祈り、助け、応援してくれていて、困った時には助け舟を出そうと、夢を通してお告げをくれるのかもしれません。

　私は「権利書事件」以降、夢に注意を払うようになりました。あなたがもし「お告げ」のような夢を見たら、記録しないとすぐ忘れてしまいますので日付と内容をメモしておいてください。現実に生かせるお告げが、その中にあるかもしれませんよ。

口ずさむ歌が「引き寄せ」に効果的

歌は潜在意識に影響を与えるとてもパワフルなツールです。例えば、子供時代に歌っていた歌を、何十年ぶりに歌ったら2番まですらすらと歌えて驚いた！　という経験はありませんか？　これは潜在意識に記憶されている長期記憶だからです。

あなたが何気なくいつも口ずさむ歌はありますか？　何気なく口ずさむ歌というのは何度も何度も繰り返しているということ。例えば、失恋ソングで「悲しい」「1人きり」という言葉が何度も歌詞に出てくる歌をいつも口ずさんでいるとしたら、「悲しい」「1人きり」が知らないうちに潜在意識にインストールされているということです。

ですので、**いつも口ずさむ歌は、自分の望む世界を想起させる言葉が入っている歌詞を意図的に選んでください。**

歌が効果的なもう1つの大きな理由は、自分の声を使い、喉を震わせ細胞を振動させる、ということです。音には周波数があります。例えば、「ド」の音と「ソ」の音は高さが違いますが、これは周波数（振動数）が違うからです。ワイングラスを声で割る動画を見たことはありますか？　これは、声をワイングラスの固有振動数に合わせ、共振することによって起こる現象です。ですので、声を出すこと、歌うことで、特定の周波数と共鳴することも可能なのです。

『予祝の唄』を歌ってみましょう。 ➡

https://www.youtube.com/watch?v=QMQNrv0CVKw

　歌と振り付けを組み合わせた『予祝の唄』というオリジナルソングを2人で作りました。ただ歌って踊るだけで、「おめでとう」と「ありがとう」が潜在意識に刻印されていきます。誰でも簡単に覚えられて、歌い終わると楽しい気分になれる短い歌です。ぜひあなたも歌ってみてくださいね！

ちょっとした「引き寄せ」スキル

「未来先取り合成写真」実験

脳は錯覚します。例えば、本当は同じ長さの2本の線なのに、違う長さに見えるようなイラストをあなたも見たことがあるのではないでしょうか？

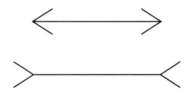

ユニバーサル・スタジオ・ジャパンや東京ディズニーランドで3Dのアトラクションに乗ると、思わず目を瞑ってしまったり、体に力が入ったりしませんか？　見ているものはただの平面の画像だと自分（顕在意識）では理解していても、体の反応は変わってしまうのです。

この、脳の錯覚を利用した面白い実験を今日は紹介します。それは「未来先取り合成写真」実験。**合成写真を作って脳に本当だと思わせて、その現象を起こす実験**です。昨今はCG技術が発達して本物か合成なのかわからないくらいの写真や動画を作ることができるようになっています。私たちが実際にやってみた体験談をご紹介します。

『科学で解明！引き寄せ実験集』を出版した時に書店で売り

「未来先取り合成写真」を作ってみましょう。

上げナンバーワンになるイメージをするために合成写真を作りました。するとどうでしょう！　本当に下の写真のようになったのです。その後、私たちの書籍が世界中に広がり、幸せがどんどん広まっているイメージを明確にできるように世界中を記者会見して回っている合成写真を作りました。そしてそれもすでに3ヶ所は叶っています。

　私たちの友人の1人がFacebookに本の紹介をしていたので、本を出版したのだと思っていたら、なんとそれは合成写真でした。そして、その合成写真通り、出版は現実化したのです。

　脳が錯覚して潜在意識が「本当」だと捉えると、現実がその方向に動いていきます。 あなたも合成写真を作ってみてくださいね。作った後は何気なく見えるところにちょっと写真を置いておくだけ。プライミング効果が働いて、自分では考えられないような方法で叶うかもしれませんよ！

ちょっとした「引き寄せ」スキル

55

「未来先取りフォルダ」を
作ってみた

　これからやってみたい新しい仕事を意図するときに、その仕事に関するフォルダを先に作ってしまい、それに名前をつけて目に見えるところに置いておくという方法があります。

　例えばまゆみは、まだ日本語になっていない素晴らしい英語の書籍を日本に紹介したいと思い、パソコンの中に「ほんやくコンニャク」と面白いタイトルのフォルダを作りました。するとしばらくして、ディーパック・チョプラ博士の翻訳の話が舞い込み、その後、2冊の翻訳を手がけることになりました。

　ヒロミは、「お部屋の魔法ルームセラピー」の仕事がまだない時に、五十音別の顧客リスト人が入るファイルボックスを作ったのです。そしてあっという間に100人の顧客リストがこの中に入ってきました。

　私たちは共著1冊目の『科学で解明！引き寄せ実験集』の執筆を始める時に、Google Drive にフォルダを作ったのですが、今後の共著を意図して、7つの共著フォルダを作りました。そして今、すでにこの本で共著は4冊目になっています。

　あなたも**自分の仕事に関して、面白い名前をつけて「未来先取りフォルダ」を作ってみてください。**そしてそれを目に見えるところに置いておくのです。パソコンでしたらデスクトップが一番よいでしょう。プライミング効果が働き、無意

パソコンのデスクトップに
「未来先取りフォルダ」を作ってみましょう。

識の思考や行動が変わっていきます。ぜひやってみてくださ
いね。

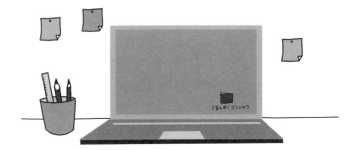

56

「未来先取り旅行レポート」の すすめ

選択的注意とイメージの力を使って旅行を引き寄せる素晴らしい方法をお伝えします。それは「**未来先取り旅行レポート**」。**訪れたい国や行きたい場所を1つ選んで旅行プランを立てます。**お金のことは考えません。そして、できるだけ詳しく情報を検索していきます。

1. フライト（直行便？　乗り継ぎならどこで？　どこの航空会社？）

2. ホテル＆宿泊日数（どこのホテルで何泊？）

3. 観光＆アクティビティ（何を見て、何をする？）

4. 食事（どのレストラン？　何を食べる？）

そして必要情報が集まったら、その旅行から帰ってきたと仮定して過去形で旅行レポートを書くのです。インターネットで画像検索をして、すでに体験し見てきた景色、泊まったホテルの部屋、食べた料理などを思い出しているつもりになって、その写真も一緒に貼り付けます。どんな気持ちだったかを必ず入れてください。例えば、ずっと行きたかったグランドキャニオンを訪れ、夕日を見て、叫んで飛び上がってしまったとか、感動して涙が出たとか、どんな感情を体験したかをイメージすることがとても大切です。

このワークの効果は以下の通りです。

1）検索している最中、行きたい場所のことをずっと考え続けるので、それが脳に指令され、関連情報をキャッチしや

行きたい場所を1つ選んで、
「未来先取り旅行レポート」を
作ってみましょう。

すくなる。

　2）画像検索をするのでイメージが容易にでき感情を味わいやすい。

　3）検索をかなりするので、旅行に関する情報がたくさん集まり、曖昧だったことも明確になって、実現しやすくなる。

　私はこのワークを大学の英語授業にも取り入れています。何年か前に、例として、オーロラを見に行ったレポートを挙げました。そして数年が経ち、書いたことも忘れてしまっていたある日、そのレポートを読んでびっくり！　自身が、書いた内容とほぼ同じ体験をしていたのです。あなたもぜひやってみてください。

未来先取り旅行レポート

私がこれまでに行った中で最高の旅行についてお伝えします。
一度は見てみたいとずっと思っていたオーロラ鑑賞。念願が叶って
昨年の9月に見ることができました。向かった先はカナダのイエロー
ナイフ。出発日は・・・

57

感謝脳の作り方

ありがとうカウンター

　すべての夢が叶ったあなたは、どんな気持ちでしょうか？ただ嬉しいだけでなく、感謝の気持ちで毎日を生きるようになっていると思いませんか？

　欲しい物事と同じ波長のチャンネルに合わすとそれが引き寄せられるので、もしも**今その感情を未来先取りできれば、あなたの夢はすべて叶います。**

　では、どうすればいいかというと、脳に「今、感謝できることを探せ！」と指令することです。あなたが注意を向けた「感謝できるもの」を脳は見つけてきます。そして何度も繰り返されると、「感謝できるもの」が重要情報だと潜在意識にインストールされ、その後は脳が勝手に「感謝できるもの」を見つけ気づかせてくれるようになります。そうすればしめたもの。あなたが見える世界はありがたい感謝だらけになります。「感謝脳」の出来上がりです。

「感謝脳」を作る最強のツール「**ありがとうカウンター**」を紹介します。数を数えるカウンターにストラップをつけて首からかけておきます。そして「○○さんありがとう」「青空ありがとう」「自分の足、ありがとう」などと、気づくものに「ありがとう」を言って、毎回カウンターを押します。

　この「ありがとうカウンター」は、持ち歩けて、いつでもどこでも使えて、数秒で1つ感謝を言えるので大量の感謝が

100均ショップに行って
カウンターとストラップを買い、
「ありがとうカウンター」を使い始めましょう。

潜在意識に届くのです。

　素晴らしい点は五感のうち3つも使うところです。**数が増えるのを目で見る。カチカチという音を耳で聞く。自分の指でカウンターを押す。**刺激が多いほどインストールされる情報が多くなり潜在意識のデータが速く書き換わります。

　「ありがとうカウンター」の提唱者、WAOさんは、売れない営業マンだった時、投資家で実業家の故・竹田和平さんにアドバイスを求めたところ「100万回ありがとうを言えばどんな夢でも叶う」と言われ「ありがとうカウンター」を使い始め、みるみるうちに大成功。今は億万長者です。

　私は実践し始めて3週間くらいで、脳が勝手に感謝を探すように変わったことに気づきました。ゲーム感覚でお手軽にできる効果抜群の方法です。ぜひやってみてください。

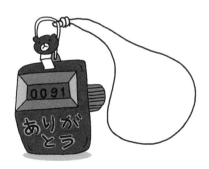

58

結局は「やる」か「やらない」か

　行動について迷うことはよくありますが、選択肢はいつも２つ。「やる」か「やらない」かの２択です。

　私たちは毎日何かをやっていますが、そこに色々な思いや感情が出てきます。「本当に自分にできるのだろうか？」と心配になったり、「こんな調子で間に合うんだろうか？」と焦りを感じたり、「なぜこんなことを自分がやらないといけないんだろう？」と不合理だと思ったり。でも、心配して「できるか」「できないのか」と考えたとしても、不合理だと感じて「やりたいか」「やりたくないのか」と考えたとしても、結局は「やる」か「やらない」かの２つしかありません。「やらない」選択もありながら、「やる」と一度決めたのであれば、あとは、

「ただ、やる」

「心配せずにやる」

「言い訳せずにやる」

「文句を言わずにやる」

「結果を恐れずにやる」

　やらないのなら「とりあえず今はやらない」とはっきり決めることです。明日は気が変わるかもしれません。忘れてしまうかもしれません。いいアイデアが見つかるかもしれません。**大切なのは、「今」どうするかを毎瞬毎瞬、決める癖を**

やることを書き出して
「今日やる」か「今日はやらない」か
すぐに決めてみてください。

つけること。そして決めたら言い訳をしないこと。そうすれば、その後、色々思い悩んで時間とエネルギーを浪費することはありません。

　これと同じように、実は、人生もとてもシンプルです。複雑にしているのは私たち自身。行動についての2択をシンプルにできると、人生全体がシンプルになっていきます。

	やる	やらない
例）Aさんにメール	✓	

59

「〜のせいで」か、 「〜のおかげで」か？

　あるところに一卵性双生児の兄弟がいました。2人は父親のDVで大変な子供時代を過ごしました。それから20年して、双子の1人は親のDVで苦しむ子供たちを救うカウンセラーになっていました。もう1人は、麻薬に溺れて人生のどん底にいました。

　DNAも環境も同じはずの2人がまったく違う人生を歩んでいるのはなぜでしょうか？　このストーリーが物語っていることは、**生まれ育った環境で人生が決まるのではなく、「起こる出来事をどう捉えるか」「どう行動するか」がすべて**であるということです。

　あなたの人生に起こる出来事も同じです。それをラッキーと捉えるかアンラッキーと捉えるか、ピンチと捉えるかチャンスと捉えるか、どういう意味付けをするかは、あなたが自由に選ぶことができるのです。

　パナソニック創業者の故・松下幸之助氏は、「大成功した理由は『貧乏だったこと』『病弱だったこと』『学歴がなかったこと』」とインタビューで答えています。これは、多くの人ができない理由に使う「言い訳」と同じ内容です。

　私は何年もやりたいと思いながらできなかった定期的なエクササイズを、コロナによる緊急事態宣言の"おかげ"で、web会議システムのZoomを利用して友人グループで始める

「○○のせいで□□できない」
→「○○のおかげで△△できる」
○○、□□、△△に言葉を入れてみましょう。

ことになり、新しい素敵な仲間ができました。

　すべてのことは「中立」です。「〜のせいで」を「〜のおかげで」に変換するゲームだと思って、視点を変えてみてください。あなたの見える世界が変わっていきます。

60

イメージ力で視点を上げて解決を図る手法

　人生には、抱えている問題の解決策が見えないことがあります。そんな時は、イラストのような巨大迷路の中にいると思ってください。そこにいるあなた（顕在意識）はどちらに進めばいいかわかりません。

　迷路から早く出るためには、どうすればいいでしょうか？　そうです！　視点を上げて上から見るのです。そうすれば出口へどう進めばいいのか一目瞭然ですね。アインシュタインは「問題を作り出した同じレベルの意識ではどんな問題も解決することはできない」という名言を残しています。コーチングの研究でも、現実の問題よりも理想の自分にフォーカスするほうが効果的であるという結果が報告されています。

　では、問題解決のため視点を上げるには具体的にどうすればよいのでしょうか？　イメージを使います。巨大迷路で迷っている自分をイメージし、自分の視点を上に上に上げていってみてください。

　迷路の中では壁しか見えていなかったのが、視点が上がっていくにつれて、迷路の外の世界も視界に入ってくるイメージをするのです。「あ、わかった！」「出口はこっち！」「こちらに進めばいいんだ！」と言っている自分を、そして、解決した時の感謝や安らぎ、喜びをありありとイメージしてください。周りの人たちにあなたはなんと言っているでしょ

**今、抱えている小さな問題を使って、
迷路にいる自分、そして上から見ている自分を
イメージしてみましょう。**

う？

　メッセージを受け取ったら「ピッパ！」（82ページ）で行動を起こしてください。必ず次に進めます。

　心が静かな状態であれば、潜在意識からの直感や閃きとして送られたメッセージをキャッチできるはずです。あるいはふと目にしたSNSの記事やブログなどに答えやヒントが見つかります。そのためにも、深呼吸するなどして心を静かにさせてから、ここでご紹介したイメージを実践してみてください。

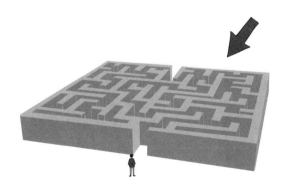

「いいことばかり」への指針

61

誰かを羨ましいと思った時の考え方

　誰かを羨ましいと思うことは人間なら皆ありますが、それが強い嫉妬になってしまうと「引き寄せ」を妨げてしまうことになります。嫉妬という感情は「自分には手に入れられないものをあの人は持っている」「自分にはできないことがあの人にはできる」という考えから生まれます。**嫉妬すればするほど「手に入れられない」「できない」という指令を脳に送り続け、その信念をさらに強化してしまうのです。**ではどうすればいいのでしょうか？

　あなたが今、羨ましいと思う人はいますか？　羨ましいと思う対象は必ず自分の興味のあることをやっている人です。

　例えば、アイドルになりたいと思っている学生は、すでにデビューしているアイドルグループを見て、羨ましいと思うでしょう。私の場合なら、世界各地を回りながら自由に仕事をしている人をいいな、とは思っても、有名なお笑い芸人や料理研究家を羨ましいな、という感情は起こってきません。

　脳は膨大な情報の中からあなたの興味があることをピックアップして「羨ましい人」として見せてくれているということなのです。つまり、「羨ましい人」を登場させたのはあなた自身だということになります。これは、あなたの欲しいものやなりたい姿に近づいている証拠、「サイン」なのです。

　そう思えると嫉妬することが減るような気がしてきません

羨ましいと感じた時に
「チャンス！　近づいてきているサイン！」
と言ってみてください。

か？　今度、誰かを羨ましいと思った時は、「**チャンス！
これは自分のなりたい姿を見せてくれるサインだ。やっ
た！**」と捉えて、**喜んで**みてください。あなたの引き寄せ力
がアップしますよ。

「いいことばかり」への指針

羨ましいのはチャンス！

62

今起こっていることは 「必要・必然・ベスト」

　人生には、あなた（顕在意識）にとって望まない結果になることもあります。あの会社に受かりたかったのにダメだった。資格試験に落ちた。パートナーに浮気をされた。会社が倒産した。病気になってしまったetc.

　しかしこれは最終結果ではありません。**最終結果はあなたが死ぬ時に「最高の人生だった」と思えるかどうか**。今はすべてプロセスだと思ってください。今のあなた（顕在意識）には理解できなくても後になって、どうして残念なことが起こったのかがわかるようになります。

　例えばまゆみの夢は中学校英語教員になることでしたが、教員採用試験に落ちてしまいました。しかし、学習塾に就職し、そこで出会ったアメリカ人を通じて英語教授法という学問を知り、大学院留学→大学教員とつながりました。

　ヒロミは建築だけは嫌だ、絶対に夫の仕事は手伝わない、と決めていましたが、結局、結婚相手の建築関係の仕事を手伝うことになってしまいました。その結果、5000万円の借金を負ってしまいます。しかし現在、心理学を家作りに応用する幸運術のパイオニアとして、やりがいある充実した仕事をしているのは、そんな過去があったおかげ様です。

　1つずつの結果に一喜一憂しないことです。そして一見ネガティブなことが起こった時でもどのように解釈するか、あ

「すべては必要・必然・ベスト」
とつぶやいてみましょう。

なたは自由に選ぶことができます。**起こっていることは実はいいも悪いもありません。** そこからあなたがどういう意味付けをするかでこれからの未来が変わります。

　今、起こっていることは「必要・必然・ベスト」であり、きっと素晴らしい未来につながっていると思ってみませんか？

すべては
必要・必然・ベスト！

63

過去だって変えられる!

今がよければすべてよし。例えば、数年前に大失恋をしたとしましょう。今もその元恋人を恨んでいるとしたら、それは今のあなたが幸せではないからです。失恋後に、もっと素敵な人に出会い、今が幸せなら、「あの時、私をふってくれてありがとう!」と思えるものです。

過去は変えられます。過去とは、頭の中にある主観的な記憶であり、今のあなたが思い出すものです。過去も「今」の中にあるのです。ですので、**今あなたが幸せなら、過去に起こった出来事も、幸せな記憶に転換することができます。**

以前、私が英語を教えていた高校生は、小学校の時、サッカーで足を骨折しました。しかし、入院した病院で素晴らしいドクターと出会い、彼は医者になることを決めたのです。骨折したことは不幸な出来事かもしれません。しかし、骨折したことで彼には夢ができました。医学部を目指す彼にとって、骨折は過去の「いい」体験なのです。

グループYouTuber「フォーエイト48」のリーダー、"こつ"は、デビュー前、俳優を目指して、Twitterでコツコツとフォロワーを増やしていました。ところがやっと5万人を超えたある日、Twitterのアカウントを突然乗っ取られてしまったのです。落ち込むショックな出来事でした。しかし、その

空気、太陽、水が当たり前のようにあることに
感謝してみましょう。

事件が起こったことで、当時まだ始まったばかりのTikTokをいち早く始め「全力〇〇」で大ブレークしたのです。"こたつ"は、本書の著者の1人・濱田まゆみの息子。このエピソードは母だからこそ知っている実話です。彼は「アカウント乗っ取ってくれてありがとう」と今は思っているはずです。

　過去を「嫌な記憶」として思い出すのは、あなたが今、幸せではないからです。**たった今、「幸せ」を選択すると決めてください。**幸せでいるのに、何の条件も必要ありません。幸せとは感情だからです。今あなたが幸せを感じられれば、すべての「嫌な過去」はオセロのように全部、黒から白にひっくり返ります。今、いま。今、いま。今に集中することです。

「いいことばかり」への指針

あの時、
クビになったおかげで
起業できた

64

奇跡が起こるメカニズム

　奇跡が起きるメカニズムを話すと、どうしても不思議なトンデモ話になってしまいます。そこでここでは、私に奇跡が起こった時の体験談を例に、メカニズムをまず感じていただきたいと思います。

　2008年のある日、お店作りの現場で天井に塗ったペンキの塗り残しチェック（タッチアップ）をしていました。脚立の最上段に乗っての危険な作業です。その時に携帯電話が鳴ったので、ポケットから取り出して見ると、1度しか会ったことのない女性から、挨拶なしの文章で、「○○先生の出版記念講演を京都の大垣書店でします。何人集められますか」というメールが入っていました。

　「なんて人だろう！」と、むっとして携帯をポケットにしまい作業を再開しました。すると、また挨拶なし要件だけの次のメールが届き、「大垣書店の近くで二次会会場を探してください。50人入れて、時間の融通が利いて、あれでこれで……」と、条件ばかりがいっぱい書いてありました。「信じられないわ！」と、憤慨しながらも、高所作業中で危険なので、心を落ち着かせて作業を再開しました。

　その時、頭の右上あたりの内側から「それをやってあげたら著者の株が上がるんじゃない？」と、誰もいないはずなのに声が聞こえたんです。えっ？　今のは何？　と一瞬思った

奇跡が起きてあなたの夢が叶うとしたら、すぐ行動するための準備は整っているか、チェックしてみましょう！

　ものの、なんと私は「それもそうだな」と奇跡の声を受け入れます。その日から全国各地の友人を誘い、息子を連れて二次会会場の試食めぐりを始めました。

　その結果、講演会は満席、二次会はとてもよい雰囲気でした。しばらくすると著者の先生が私のもとに来られて、「本を出版されたいと聞いています。ご紹介しますね」と、二次会に駆け付けられた、出版社の編集者さんをご紹介くださいました。

　実は、2002年からずっと出版を望んでいた本があり、2005年に作成したものの塩漬け状態の企画書があったので「企画書があるんです。お送りしてもいいですか」と尋ねると「出版はお約束できませんが、お送りください」と答えてくださったので、直ちに郵送しました。すると編集者さんからすぐに連絡をいただき、1週間後には出版社で契約書にサインをしていました。私の初出版に至った奇跡のエピソードです。

　強く願うと、目に見えない力が働いて、奇跡が起こることがあります。その時に、準備が整っている、誰かのために無私で貢献する、静かな心の状態に戻るよう心がける、微かな声やサインを見逃さずにキャッチして行動することなどの条件が揃うと、目に見えない存在同士が協力してご縁をつないでくれて、その結果、奇跡が起きるのかもしれませんね。

65

シンクロだと感じたら即行動

　ユングが提唱したシンクロニシティ（共時性）は「意味のある偶然」のこと。これまでは単なる偶然だと感じていたことの中に「意味のある偶然」を発見したら、ぜひ、即行動してみてください。その**シンクロニシティ（シンクロ）が糸を紡ぐように、引き寄せを誘発していきます。**

　ユングは著書の中で「複数の人の夢やヴィジョンが同時に起きていることに、その時は気づいていないが、後に客観的な出来事が同時に離れた場所ですら起きたと判明することになる」と記しています。

　ある時、私、ヒロミは、1人の心の奥にある魂が瑠璃色に輝き始めると、家族に光が伝染して家が光り庭が光って、近隣へ、街へ、国へと広がって地球全体が瑠璃色に輝くヴィジョンを見ました。それと同時に「部屋が変わると人生が変わる」という言葉のメッセージを受け取り、世界平和を実現するには、1人1人が、本当の幸せを自身の中に見つけて日々を暮らし、魂を輝かせるだけでいいと気づき、本を書き始めました。

　今は共著者となった濱田まゆみも、1人の心の中で灯った光がまるで1滴の水滴が水面に落ちてその波紋が広がるようなヴィジョンと「世界平和は簡単」という言葉のメッセージを受け取っています。

昨日起きた「シンクロ」はないか、
振り返ってみましょう。

　ユングが言うように、その時はお互い、夢やヴィジョンが時空を超えて同時に起きていることに気づきませんでしたが、後に2人が出会い、共著を書くためにじっくり話すようになってから、実はすごいシンクロニシティが起こっていたことがわかって、本当に驚きました。

　シンクロニシティが起こる要因は、経験や信念に影響されるために個人差が大きいと言えます。まず、シンクロなんてないと信じていると、気づくことができませんので、**「シンクロはある」**と、心を開いていただきたいと思います。次に、**自分の心の中や外界で起こる出来事やパターンを、敏感に感じようとして**みてください。例えば、カレーを食べたいなと思ったら、今日の晩ごはんがカレーだったといったことでも、単なる偶然だと思わず「シンクロした！」と、家族で面白がってみるといったふうに。

　シンクロニシティは、無意識のさらに奥深くにある「集合無意識」から、同時に情報を得て起こると考えられています。そこには、かつて生きていた人の意識も存在し、テレビやラジオのように、その周波数にチャンネルを合わせると、情報を見聞きすることが可能になると考えられます。

　過去を振り返って私にシンクロニシティが起こりやすくなってきた経緯を考えてみると、次のようなことが挙げられ

ます。**起きる出来事やそのパターンに敏感になる、素直な心で新しい出来事に向き合う、自己成長しようとする、呼吸や夢に意識を向ける、ネガティブな感情にとらわれないこと。**

シンクロニシティをキャッチできると、幸せな引き寄せの連鎖が起こります。あなたもシンクロをキャッチする達人になってください。

望みが叶う時、あなたに何が起こっているのか？

応用編

こんな場面でこんなやり方

66

望みはぜんぶ手に入れていい！

時代によって価値観は大きく変わります。例えば、私たちが小学生時代に憧れていたスターは山口百恵さんでした。人気絶頂期でキャリアを捨てて愛する人と結婚し家庭に入る姿に多くの人が感動しました。

当時、女性は「結婚か仕事のどちらかを選ぶ」という時代。20代後半になって、「結婚と留学」の両方を望んでいた私の心の中には大きな葛藤がありました。「2つとも得ようなんて無理だし、虫がよすぎる」「何かを手に入れるためには何かを犠牲にしなくてはいけない」と思っていたからです。専業主婦で良妻賢母だった母の影響もあったかもしれません。「女性は、妻は、母親は、こうあるべき」という価値観に心が縛られていました。

その頃に出合ったのが "You can have it all." という英語の本。「**あなたの望んでいるものはすべて手に入れていいのよ！**」というタイトル自体も衝撃的で、その内容は当時の私の価値観を覆し、罪悪感を取り払ってくれました。「そうなんだ！　1つではなくてたくさん望んでもいいんだ！」と思えた時、目の前の霧が一気に晴れていくような気分になりました。そして自分の考え方を変えようと決め、「望んでいるものはすべて手に入れていい」という許可を自分に与えた結果、結婚後3ヶ月で、単身アメリカの大学院に留学。

応用編

こんな場面でこんなやり方

「たくさん望んでもいい」と声に出して 3回言ってみましょう。

　そして、結婚も仕事も子育ても旅行も、大学での仕事だけでなく、執筆や翻訳の仕事も"You can have it all."の精神で、その時々にやりたいことをこれまでたくさんやってきました。それは私が信じるもの（信念）を変えたからです。

「たくさん望むなんて欲張りだからダメ」「両方手に入れるのは無理」と思うのも、「望むものはすべて手に入れていい」と思うのも自由。どちらがいいとか悪いとか、正しいか間違っているかはありません。そしてあなたの選んだ考え方通りに人生が展開していきます。

　たくさん望むことがいいと言っているわけでもありません。あなたが本心から望んでいるものは何ですか？　その気持ちに正直になってください。そしてそれを受け取る許可を自分に与えてください。

たくさん望んでもいい！
たくさん望んでもいい！
たくさん望んでもいい！
I can have it all.

67

望む仕事を引き寄せる法

　　自分の望む仕事を引き寄せたい時にもイメージの力、潜在意識の力を活用することができます。

　　これはまゆみが実際に体験した実話です。英語学校で常勤講師をしていた私は、子供が生まれ、育休を取っていました。授業は夜だったので、育休明けからは子供を保育所に預けて昼間に働ける職場に移りたいと思いました。そこで、当時、週に1回だけ非常勤講師で働いていた大学で、専任のポジションを得たいと思ったのです。ありありとイメージができるように、専任教員の研究室が並ぶ階に行き、研究室のドアを見て、そこに自分の名前が書いてある場面をイメージすることにしました。

　　それからしばらく経った日、ある教授から突然呼び出され、「専任が1人辞めるので、もし濱田さんが希望するなら僕が推薦します」と言ってくださったのです。その教授は私のことをあまり知らない方だったので、驚きでした。そして、何人もの応募者がいた中から最終面接まで残り、私1人が選ばれたのです！　「これで来年の春から子供を保育所に預けて、昼間に大学の専任で働ける！」と安堵し喜びました。

　　この話には驚くような続きがあります。それからほどなくして、勤務していた英語学校が経営破綻したのです!!　結局、大手の教育関連会社に吸収合併されて学校は残ったのですが、

あなたのアイデアを聞いて
「素晴らしい！」とうなずいている
仕事仲間をイメージしてみましょう。

職員や先生は、大きな不安に包まれていました。私は、**そんな信じられないようなタイミングで転職できた**のです。

　私の教え子の中にも、就職活動の時に、すでに理想の職場で働いている場面を思い浮かべ、**オフィスで何が見えているか、どんな会話をしているかをありありとイメージした**ところ、希望する会社3社からすべて内定をもらった学生がいます。また、日本でレストランを開きたいと思っていた留学生は、その夢を表す写真を見ながらイメージすることで、レストランのオーナーと知り合い、使っていなかった店舗を週に何度か使わせてもらうことになり、自己資金ほぼ0円でお店をスタートできました。

　イメージの力、潜在意識の力は偉大です。あなたもぜひ、活用してください。

濱田まゆみの研究室

仕事と収入

153

68

成功する転職の極意

「自分の能力をもっと発揮できる会社に転職して成功することが私の夢です」と夢を語っていても、心の奥では「自分は正当に評価されていない。安い給料で長時間働かせるこんな会社は最低。こんなひどいところから絶対抜け出してやる」と思っているとしましょう。この場合、発せられる波動は「不平不満」のエネルギーということになります。**「不平不満」を脳に指令していることになるので、脳は「不平不満」をさらに見つけ出してあなたに映し出してくれる**でしょう。

20代前半だった頃。おつぼね様が不満で退職した後、次の就職先が見つからない私に、大阪府高槻市にあるCDレンタルショップを友人が紹介してくれました。「バイトかぁ……」と不満はありつつも、収入を得る目的でバイトすることに。しばらくして、オーナーが「店で好きなCDを流してダビングしていいよ」と言ってくれて大感謝！

音楽好きの私は、バイトに行くのがとても楽しみに変わったからでしょう。しばらくして面白いことが起こりました。

正社員募集をしている企業を探し始めた私は、バイトへ行くために買った京都⇄高槻の6ヶ月定期があるというだけの理由で、高槻で就職先を探し、名前も知らなかった企業に転職しました。入社してみると、なんとその会社は仕事のやり方の理想を追求する、夢に描いたような企業で、給料と休み

今の仕事で感謝できることを3つ、書き出してみましょう。

① (   )

② (   )

③ (   )

も多く、入社後に東証一部上場しました。現在は世界企業に成長し、当時の同僚とは今も友人関係が続いています。

　自分では「願い」に意識を向けているつもりで、実際には「不平不満」に意識をフォーカスしていることに気づいていない。これは、願望が実現しない理由の1つです。転職すること自体に何も問題はありません。ただ、「今の状態は嫌だから、未来はこうなりたい」という形での願い方で転職すると、次の職場でも、違う形の不満「嫌な状態」をまた引き寄せることになります。

　とはいえ、今、置かれている状況がよくない場合には、「今に感謝」することはなかなか難しいものですよね? 「こんなひどい状況で感謝なんてできない!」と思ってしまうのは当然です。しかし、繰り返しますが**今、「ありがたいな～」という感謝の気持ちがないと、「ありがたい」未来にはならない**のです。「感謝する未来」を引き寄せることはできないのです。矛盾しているようですが、これが真実です。

「引き寄せの法則」はシンプルで、注意を向けているものを、あなたの脳がさらに見つけてきてくれます。今の仕事にも、感謝できるようになった時、転職で成功します。今の職場、今の仕事で感謝できることをまず探してみてください。

69

仕事に「自己犠牲の美徳」は
いらない

　チームで仕事をしている場合、協調性を重んじすぎて、つい無理や我慢しがちになる人がいますが、「自己犠牲の美徳」は手放さなくてはいけません。

　以前の職場で、同僚がリーダーになった時のこと。彼は新しい取り組みを導入しようと、色々なことを率先してやってくれていました。上層部にかけ合っても理解してもらえないことも多くあり、対立することも少なくなく、「私が人柱になります。私が人柱になります」と口癖のようにいつも繰り返し、私たちチームのために頑張ってくれていました。

　そしてしばらく経った時、リーダーが責任を取らないといけないような事件が実際に起こり、上層部との人間関係が悪くなり、結局、職場を去ってしまうという残念な結果になりました。

　彼は自分が言っている通り「人柱」になってしまったのです。**「人柱」という言葉を何度も繰り返しているうちに、脳に「人柱」と指令が行き、「人柱」になるような事件を引き寄せてしまったのです。**

　このように、自己犠牲に基づいて何かを達成しようとしすぎないことが大切です。日本人の意識には、自分が我慢すれば周りの人がうまくいく「我慢も美徳」という価値観が深く刻まれているかもしれませんが、脳科学的にはこれではうま

「仕事仲間全員に素晴らしい力がある」と 3回言ってみましょう。

くいきません。

　自分を幸せにできない人が部下や同僚、周りの人を幸せにすることはできないし、真の意味での貢献もできないのです。自分を犠牲にせずに、自分を含めてみんなが幸せになる方法で取り組む、新しい価値観を持ってください。すると、すんなりうまくいく体験をすることになるでしょう。

仕事と収入

仕事仲間全員に
素晴らしい力がある！

私が人柱に
なります！

70

仕事とお金に関して
どんな考えを持っていますか？

次の[空欄]にパッと思いつく言葉を、1秒以内で書いてみてください。

「仕事は [　　　　　　　　　　　　　　　]」

「金持ちになると [　　　　　　　　　　　　]」

さて、あなたは何と書きましたか？

「仕事とお金」に関する観念は、子供の頃に周りにいた大人からの影響を強く受けます。例えば、親が大好きなことを仕事にし、お客様にいつも喜ばれてお金も稼ぎ、いつも楽しそうに仕事をしていたら、「仕事は楽しいもの、豊かになれるもの、そして人を幸せにできるもの」という考え方が植え付けられます。しかし、親がいやいや仕事をしていつも文句を言っていたり、仕事がうまくいかずいつもお金に困っている姿を見て育つと、「仕事は辛いもの、食べるために仕方なくするもの、十分な収入を得られないもの」というイメージが刷り込まれるでしょう。

あなたの中にはどういう観念があるでしょうか？　もし、「仕事とお金」に対してネガティブな観念があるとしたら、その観念を変えない限り、いくら自分（顕在意識）で一生懸命努力をしてもうまくいきません。

潜在意識に入っている仕事に対するイメージを変えていく1つの方法は、**仕事でも成功している幸せなお金持ちに実際**

以下のフレーズを3回ずつ声に出して言ってみましょう。
「仕事は楽しくできる」
「お金を稼ぐのは簡単でもいい」
「お金があると人の役に立てる」

に会ってみることです。これまでの刷り込まれた思い込みが変わるきっかけになるかもしれません。私がアメリカでお世話になったホストファミリーがまさにそういう人たちでした。好きな仕事をして豊かで愛が溢れていて留学生のお世話をすることを楽しんでいました。私の「金持ち」に対するイメージは幸せな成功者を見ることで変わっていきました。

　あなたの潜在意識の中に刷り込まれた観念も、書き換えることができます。最初のステップは「仕事とお金」に対して自分がどういう観念を持っているか気づくこと。気づくことができたら、それをそのまま持ち続けるか、書き換えるかという選択肢が現れます。

仕事と収入

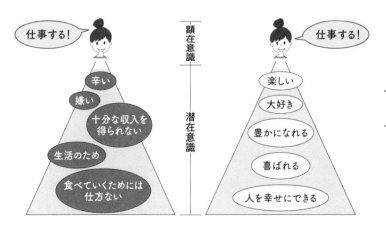

天命を見つけて生きる法

「わくっ!」とする感覚が来たら「そっちだよ!」というサイン。それは内なる感覚です。私たちの体には、本来の自分の道を進むための「センサー」がすでに内蔵されています。

例えばまゆみは子供時代、英語に「わくっ!」としました。ヒロミは小さい頃から、部屋の模様替えが大好きでした。薬剤師をしている知人は、白衣を見るとなぜかワクワクしたそうです。このように、**天命は自分がワクワクすることと必ずつながっています。そして何にワクワクするかは皆、違うのです。**あなたは唯一無二の存在なので、あなたにしかできないことが必ずあります。

「何もありません」と言う人の中は、好きなことはあってもそれがお金にならないから、という理由で無意識に排除してしまっていることもあります。天命とつながるセンサーが「わくっ!」と反応するポイントは、それをやること自体がとても楽しいか、幸せかどうかだけ。花を育てることでも、おしゃべりすることでも、ゲームをすることでも、何かあるはずです。

受講生さんの中で絵を描くのが好きな人がいました。自分の大好きなことをただ純粋に表現したいと思うようになり、絵をどんどん描いてSNSにあげるようになりました。そうすると、彼女の作品を欲しいという人が現れ始め、仕事につな

「私はときめくことをやる！」と3回、声に出して言ってみましょう。

がったのです。

　心を静かにして、**自分が何にときめくのか、何をしている時が幸せなのか、お金をもらわなくても、ただそれをするだけで楽しいことは何なのか**、自分に聞いてみてください。そしてそれをただ純粋に表現してみてください。

　あなたが**何かで自分を表現したい、提供したい思った時には、それを欲しい人が必ず現れます**。まずは「わくっ！」とすること、好きなことをただ表現することから始めてみてください。

絵を描いている時って、本当に幸せ♪

72

大切なのは、叶える手段ではなく、叶った後のイメージ

　仕事で目標を立てる時、どうやって結果を出すか手段を考えてしまうことがあります。その手段が失敗した場合、いくら努力しても結果を得ることができませんね。業種を問わず成功している方法をお伝えします。それは、**目標を達成した後に何が起きるかをイメージすること**です。

　ある会社が、事業拡大の相談にこられました。拡大してどうなるのかのイメージを、社長に何度も聞き取りましたが、まったく何を言っているのかわかりません。目標が誰にもわからないので、社員は右往左往することになり、売り上げも今一つで、会社の中に不安な材料が複数ありました。

　そこで、さらに質問を繰り返し、社長が目指しているものを明確にして、短い文章にまとめ、大きくプリントアウトして事務所に掛けてもらいました。

　すると、自分自身と社員にプライミング効果がかかり、**無意識にそのミッションに向け行動するようになりました。**ミッションをまとめた直後に、予定通り事業拡大に成功し、さらなる上方修正をされました。

　遠回りのように思えますが、これが最短の近道です。社員もお客様も社長の思いを知らないということは よくあります。もし、「世界最先端の10年先100年先のビジョンを語っているから、誰にも理解できない」と考えていたとしても、社員

小学生にもわかる言葉で、
あなたがしたい社会貢献を書いてみましょう。

とお客様にも理解できるレベルまで噛み砕くことが必要です。

　企業の究極の目的は、社会貢献でしょう。どんな社会貢献をしたいのかを、小学校5、6年生にわかる日本語にまとめてみてください。

　私が20代の頃に勤めていたある企業は、利益率が非常に高く給料が多いことで有名ですが、透明性の高い会計処理をするので「ガラスの経理」とも称されています。その企業に現在も勤めている友人から最近聞いた話なのですが、当時の社長（創業者）は「社員の生活を豊かにして、それを保障することがミッションだ」と当時から話されていたそうで、本当に実現されています。

　私はちょっと変わった社員としてお叱りを受けることが多く、苦手だった彼を見る目が変わり、尊敬するようになりました。実際にこの企業は世界でも知られる大企業になりましたし、大学生が就職したい会社のベストテンに必ず入っています。支払った税金で、しっかり社会貢献をしています。

　店舗作りでも、そのお店があることで幸せになり、再来店するお客様をイメージして店作りをすると、その通りのことが起こる実績が出ています。

仕事と収入

163

73

「努力は逆効果」と
あえて言う理由

「努力は逆効果」なんて言うと「さぼってていいのか」と思われるかもしれませんが、そうではありません。「努力」の意味は、「あることを成し遂げるために、つとめ励むこと。また、それに用いる力」（大辞苑/小学館）、「外的な誘因よりも意志または意図によって維持される心的、身体的な活動と、その際に生じる主観的な緊張感をさす」（ブリタニカ国際大百科事典小項目辞典）、「『努力』は、力を尽くして働く奴隷を意味した象形文字から派生した漢字」と話す人もいます。あなたがどの情報を目にしたかでニュアンスが異なります。あなたが思っている「努力」は、どれに近いですか？

この項では、どの「努力」の意味とも逆の、大好きなことを夢中でやっている状態をお勧めします。「辛い」と思いながら我慢して、努力でなんとかしようとし続けていると、ストレスがたまり、体調を壊し、精神的に追い詰められて……何もよいことはありません。逆に人に迷惑をかける結果になることもあるでしょう。まず、**日々の仕事の中で夢中になれることを探すこと**です。

どんな仕事でも邪魔くさいなと思うことはあります。例えば、大嫌いだった建築関係の商社に初就職することになった時、建設資材を覚えるのに四苦八苦しました。初めて受注した材料に関してはしつこく先輩に詳しく聞いて、あいうえお

今の仕事をどうしたら楽しくできますか？
アイデアを3つ以上書いてみましょう！

① (　　　　　　　　　　　　　　　　　)
② (　　　　　　　　　　　　　　　　　)
③ (　　　　　　　　　　　　　　　　　)

順にノートに見出しをつけて、大好きな百科辞典ふうに記録しました。記録することで、同じ質問を2度せずに済みますし、後輩に引き継げる辞典の出来上がりです。伝票をミシン目に沿って手で切断する作業も大嫌いでした。そこで、どうやれば早く切れるかを考えて、快感を覚えるほど一気にすぱっと手切りできる方法を編み出しました。気持ちよすぎて、伝票のミシン目を手で切るのが、むしろ好きになりました。

　こんな感じで、今ある仕事の中に夢中になれる楽しみを発見していくことは、とても大切です。なぜなら別の会社に転職したとしても、苦手なことや嫌いなことは必ず存在するからです。我慢して、努力だけで乗り越えようとしないこと。

　また、「私は○○が得意で、郵便の発送が苦手だ」と伝えると、○○が苦手で、郵送が得意な人もいて効率よく分担できます。得意なことをこのようにうまく分担できない場合は、先述のように、目の前の仕事に楽しみを見つけるように工夫します。するとどんなことが起きるか。**辛いと感じていた時には辛いことが引き寄せられがちだったのに、楽しみを見つけるとさらに楽しいことを引き寄せるようになります。**お客様に喜んでもらう社会貢献にフォーカスすることができると、やりがいが増して仕事が楽しくなり、それを見ている上司や同僚からも評価されるようになるでしょう。

74

何気なく見えているもので
パフォーマンスを上げる

環境の影響力は絶大です。悪名高い「監獄実験」（ミルグラム実験の一種。計画実施：ハンス・ムルラー、指導：フィリップ・ザンバード）という実験があります。1971年、スタンフォード大学の地下に牢屋のセットを作り、「役割を与えると人はどう行動するか」についての実験が行われました。

新聞広告で集めた21人のアルバイトを、囚人と看守役に分けました。囚人役は、囚人服を着用して収監され、個別の識別番号で呼ばれ、厳格な規則や、看守役の指示に服従しなければなりませんでした。現実の囚人と同様に制約を受け、監獄内の条件に適応することが求められました。

一方、看守役は囚人たちを管理し、秩序を維持して厳しい規則を実施するように指示されました。看守役には囚人たちに対して権威を行使することが期待され、彼らが監獄内の秩序を維持するために必要な手段を使うことが求められました。

このような環境下で、看守役は自主的に行動し、厳格な規則を強化し、囚人たちに対して激しい圧力や虐待を行うようになり、2週間の実験予定は6日で中止されてしまいました。実験後にフィリップ・ザンバードは、被験者のカウンセリングを続けることになったそうです。権力と権威が個人の行動に与える影響を示す一方で、倫理的な問題も浮き彫りにしたこの実験結果は、実験を実施したハンス・ムルラーの指示が

オフィスの写真を撮り、
客観的に見てみましょう。

強制命令的であったことから、現在では疑問視されています。

映画やドラマの題材にもなった「監獄実験」の一番の問題は、セットを作ってしまったことです。舞台や映画などの物語は、衣装とセット、シナリオで構成されています。すべて揃うと、その中に入り込める世界が出来上がり、現実と実験の区別ができなくなってしまうことがあるのです。

ここで質問です。**あなたの事務所の見た目は、「監獄実験」になっていませんか？　もしそうなら、「天国実験」に切り替えましょう。**

例えば、環境問題について取り組んでいる会社の事務所が、環境を壊す素材ばかりで作られていたとしたら？　空間を環境に優しい素材の環境にすることで、そこで働く人の意識が変わります。例えば、お客様の幸せ第一をうたっている企業の壁に、売り上げ目標しか掲げてなかったら？　お客様の笑顔の写真、お客様の声、何人のお客様を幸せにできたか、どうやって幸せにするかなどに置き換えることで、そこで働く人の意識が変わります。

何気なく見ている写真に影響されて無意識にパフォーマンスが上がり、売り上げがアップした実験結果があります。まずは、壁に掛けているものを見直してみましょう。

75

経営計画も「引き寄せ」でOK

「お金の引き寄せ」について、読者さんや受講生さんから報告を多くいただくのは「本当に必要な金額とぴったりの臨時収入を引き寄せました」というもの。**「もっとお金が欲しい」と思う時、あなたの"もっと"はいくらで、そのお金で何をしますか。本当にその金額で合っているでしょうか?**

創業支援の融資を受けるために「経営計画」を初めて作成した時のこと。数字を出すための理論がわからず、仲良くさせていただいている元上司に教えを乞いに行きました。「算出方法がわからない」と伝えると、「なんぼ欲しいんや?」と聞かれて「え?」と、即答できませんでした。

彼は「社会状況は常に変化するし、不測の事態も多いから、正確な計画や計算式など存在しない」と言い、「これくらい欲しいという金額を決めると、社員の意思がそこに向かうから達成できる」と話してくれました。世界企業の取締役である彼が「引き寄せの法則」で結果だけを想像していたことに、目からウロコ。早速、年間売り上げを決めました。

次にやったのは、その年間売り上げを計画に落とし込み、1つずつ、「何をしたいのか」「これは本当にやるべきなのか? 可能なのか?」「本当にその金額が必要なのか」と問うことでした。

すると、中止すべき計画、もっと伸ばせる計画、毎月の収

あなたは収入や売り上げが
いくら欲しいですか？

入を安定させてくれる内容などが見えてきて、これを淡々と
やれば実現可能だと確信できます。それが、プラスマイナス
数％で目標ぴったりの売り上げを達成していくことにつな
がっていきます。

76

波動を上げれば繁盛する

　お店を繁盛させる方法の1つとして「波動を上げる」という方法があります。売り上げや店舗の計画といった具体的な方法と比較するとふわっとしていますが、試してみる価値があります。

　以前の内装をそのまま利用して新規開店する「居抜き」という手法があります。飲食店の場合、不思議なことに居抜き店舗は前のお店と同じ理由で閉店してしまう確率が高いのです。ところが、明るくて笑い声の大きな店員がいると、うまくいきます。これについては**「波動が低かった店の波動が笑い声で吹き飛ばされて、軽やかに上がったからだ」**と、昔気質の職人の間では噂されていたりします。

　「モーツァルトの曲を聴かせながら育てた、作った、美味しい〇〇」とうたった商品があります。モーツァルトの曲を測定したらα波が出ていることがわかっていますから、曲の波動がいい影響を与えているということになります。

　お店の雰囲気をよくする照明の光にはnm（ナノメートル）で表わされる波長があります。物質に吸収されず反射した周波数が色の正体ですから色もまた波長。音楽にはHzという周波数があることはご存じですね。色に周波数があるなら色とりどりのPOPといった具体的な販促物にも周波数があるとわかります。脳波にもθ α β γ波があるので、θからα間のリ

お客様の幸せを祈ってから
始業してみましょう！

ラックスできる感じのいい波動をかもし出す店員さんが応対してくれると買ってしまうかもしれません。

　物販店舗では、買う予定ではないものを、実は衝動買いする人がほとんどだとわかっているので、店や店員の雰囲気……つまり波動を上げることで、繁盛する可能性があります。

　また、場の波動を上げることに留意して、神棚を設ける会社や店舗は意外に多いです。毎朝「お客様に幸せを届けられるように」「清浄な場になるように」と神棚に祈る社長、心を込めて隅々まで丁寧に掃除される企業。そのような企業やお店の評判がよく、売り上げが伸び続けているという話を、実際によく伺うことがあります。

　まずは、お金と手間をかけずにできる、**明るく笑う、いつもの掃除を「ありがとう」という気持ちでする、お客様の幸せを祈ってから始業する**など、できそうなことから試してみては？

仕事と収入

77

お金の先にある大切なものを目的にするワーク

「お金が入ってきて、循環するようになりました！」と毎回好評の「お金の先にある大切なものを目的にする」ワークがあります。試しにやってみませんか。

　①まず、あなたが欲しい月収、欲しい月間売り上げ金額を決めて書きます。

　②次に、今すでにやっているサービスや商品の単価、すぐできるサービスや商品の単価を、サービス a,b,c……、商品 d,e,f……、というふうに書き出していきます。

　③１ヶ月に欲しい金額÷単価＝販売数。商品やサービス a,b,c,d,e,f……、１つずつについて販売数を算出します。

　④a,b,c,d,e,f……、１つずつについて、その商品を買うことで、お客様がどう幸せになるかを詳細に考え、書き出し、声に出します。

　⑤a,b,c,d,e,f……、１つずつについて、幸せになったお客様人数分（販売数から予測できますね）の笑顔を思い浮かべて味わい「ありがとう」と言ってもらっているところを想像します。『未来先取り日記』にも書いてみましょう。

　⑥月収や売り上げを達成すると幸せになる社員、家族の笑顔も思い浮かべて味わい、「ありがとう」と言ってもらっているところを想像します。『未来先取り日記』にも書いてみ

お客様の笑顔を想像してみましょう。

ましょう。

⑦「ありがとう」とたくさんの人から言ってもらって幸せな気分でいっぱいの自分の気持ちを味わい「よくやった！」と「未来先取り」で褒めます。『未来先取り日記』にも書いてみましょう。

⑧想像した"幸せ"を象徴するような、写真やミッションや言葉を事務所やお店の壁などに飾ります。

⑨計画した内容を実施する現実的なスケジュールを立てます。

⑩人と自分を幸せにしてくれる、その仕事に集中して、日々淡々と楽しみながら実施します。

お金を稼ぐことを目的にすると、忙しくても嫌なことがあっても我慢して仕事をすることにつながります。それによって辛く感じると、その周波数と同じ辛いことを引き寄せて、ストレスがたまるばかり。

幸せな笑顔を創り出すことを目的に、やりがいや幸せを感じて仕事をすることによって、**自分が出した周波数にぴったりと合う幸せなお客様を無意識に引き寄せ、売り上げを達成する確率が高くなります。**お試しあれ！

78

完成をイメージすると
必要なものが集まってくる

　何かにチャレンジする時は、「どうしたらいいかわからなくても、それができることはわかっている」と考えて、結果だけを想像してみると、必要なものが集まってきて完成する可能性が高くなります。

　建築、電化製品の開発、映画の制作現場などでは、今はまだない完成品イメージが伝わる、模型、3D、予告編、絵やスライドを使ったプレゼンテーションが製作されます。完成品イメージに魅力を感じた人が、資金や材料、労力を提供し、その通りに実現するのは自然なことですね。

　例えば宮崎駿氏は「絵コンテ」を描きます。大雑把に描く部分と、こだわって多くの枚数を描き込んである部分のリズムがあります。私はこの絵コンテをBlu-rayで見るのが大好きなのですが、彼が頭の中に描いたイメージ通りの作品が出来上がっていることが絵コンテを見ればわかります。

　制作時間が最短の4ヶ月半だったという「ルパン三世『カリオストロの城』」では、城の内装などの描写は、すでにあるものを模写するなど、できる限り時短するアイデアを使ったそうですが、これは、何もない時点ですでに完成形が見えていて、描き込む・省くポイントが明白だからこそできる判断ですね。

　「それがたとえバーチャルであっても、想像であっても、老

「どうしたらいいかわからなくても、それができることはわかっている」と3回、声に出して言ってみましょう。

後のイメージを見た人は、貯蓄の質、食事の選択が賢い選択に変わる」という面白い研究報告があります。この実験結果からも、**望む未来の自分の姿を想像することで、必要な物事を無意識に集める習慣が生まれる**とわかります。

私は著者デビュー前にエンプティーチェアという心理療法を応用して10年後の自分に質問をしてみたことがあります。2つ椅子を並べ、1つを今の自分用として座り、質問し、もう1つの椅子に移って、10年後の自分用として座り、質問に答えるという内容です。どうして本を出版したらいいか、今、何冊を出版しているか、どんな仕事をして休日は何をしているか、などを質問しましたが、ほとんどその通りに、今なっています。完成形を想像すると、必要なものが集まってくることを体験し、その威力には驚かされるばかりです。

ある時、本書の著者2人でオーロラを見に行こうと決定し、その写真を飾りました。すると、2人で参加した何かのイベントに「オーロラツアーの専門家」が参加しておられ、「オーロラを見るなら冬にというイメージがあるのは、極寒で観光客が来ないシーズンに日本から観光客を誘致するため」「訪れても見られる確率が高くない場所がある」「カナダの内陸にあるイエローナイフでは90％以上の確率で夏でもオーロラが見られる」という情報をいただきました。行き先

仕事と収入

175

は夏のイエローナイフに決定。オーロラヴィレッジという場所で観測することになりました。

　イエローナイフへは、カナダ国内で一度乗り継ぎます。この飛行機が2時間以上遅れ、初日に予約していたオーロラを見るツアーに参加できなくなるアクシデントが起きました。ところが、そのおかげでなんと、遅れた飛行機がオーロラの中を飛ぶという奇跡を体験しました。

　帰国後に、以前からどこの場所かわからずに「オーロラの写真」として飾っていた写真を見ると、オーロラが出るのを待つ時間に私たちが暖を取ったテントとまったく同じテントが写っていました。よく見ると「オーロラヴィレッジ」と小さく書いてあって2人で爆笑したことがあります。夢の写真を何気なく飾っていたら知らないうちに必要な情報が集まり、奇跡まで起こって、写真通りの場所を訪れていたのです。

　望む未来の自分の姿を想像する、模型、3D、予告編、絵やスライドでプレゼンをする、エンプティーチェア、写真を飾るなど、ご紹介した中であなたにもできそうだな、やってみたいなと思ったことから、早速試してみてください。

79

他人はあなたの 自己評価を映し出す鏡

　潜在意識の奥深くにあって、自分（顕在意識）では気づいていないことを、周りの人が言ってくれることがあります。

　私はこれまでずっとフルタイムで仕事をしてきました。子供たちが小さい頃、仕事と子育ての両立に一生懸命でしたが時間のやりくりも含めて心の余裕もありませんでした。当時の私は「まだまだちゃんとできていない。もっとよい母親にならないと……」といつも思っていました。

　今、振り返れば本当によく頑張ったと思います。でも当時はそう思えなかったのです。日曜日の朝、久しぶりにゆっくり寝られると思って寝ていたら、夫に「まだ寝てんの？よー寝るなぁ」と言われて罪悪感を感じたことを覚えています。自分を正当に評価できていたら、罪悪感は感じなかったでしょう。しかし当時の私は、夫の言葉を「寝ていてはダメなんだ。もっとちゃんとやらないと……」と、受け取ってしまったのです。

　その後、「**自分の世界は自分で創っている。人生での登場人物に何を言わせているかも、実は自分が脚本家で決めている**」という考え方を取り入れて私がやったことは、自分を褒めることでした。

「私は本当によくやってる。フルタイムで仕事もやりながらよくやっている。家事も嫌いなのによくやっている」

鏡を見て「私は本当によくやっている」と 3回、声に出して言ってみましょう。

　自分を褒めて、褒めて、褒めて、誰に何を言われても自分で「私は本当によくやってる」と心底思えた時に、夫は私がいつまで寝ていても何も言わなくなりました。そして「本当によくやってるね」と言うようになったのです。以前より、できるようになったわけではありません。何が変わったのでしょう？　私の自分自身に対する評価が変わったのです。

　あなたが自分自身にしている評価を周りの人が教えてくれます。すべての原因は自分の中にあり、それに気づくことができれば、いつでも創造し直すことができます。他人はあなたを映し出す鏡なのです。

人間関係づくり

179

本当によく
やってるね！

80

「聴く力」を高める３つのコツ

　人間関係のほとんどは、相手の話を聴いているつもりで、聴けていないことが理由で、こじれていきます。

　聖書の「バベルの塔」では、共通言語で話し、天に達する塔を円滑に建設していた人々が神の怒りに触れます。神が言葉を混乱させたために、相手の言葉を理解できなくなり意思疎通ができなくなった人々は、塔を完成できませんでした。

　以前、ある先生の講座音声の書き起こしを、Ｂさんにお願いしました。すると、どう考えても先生の主旨を真逆に捉えた文章が、Ｂさんから届きました。さらに驚いたのは、先生が話された半分以下の文章量だったことです。Ｂさんに確認したところ、「真面目に手を抜かず取り組んだ最終提出文章です」とのこと。

　さて、Ｂさんはいつも人が希望することではなく、人が嫌がることを好む意地悪な印象のある女性でした。この書き起こしの一件で、Ｂさんは話の大切なところを聞き飛ばしてしまうだけでなく、逆に捉える癖があるので、悪気なく逆のことをしてしまうのだということがわかりました。「聴く力」が低かったのです。

　私たちは、１秒間に受信する情報の0.00036％しか認識できません。これは110冊の文庫本の１行にしかならない情報量である上に、自分が大切だと思っていることを無意識に選択

誰かと話す時に、
「○○なんですね？」という
繰り返しを使ってみましょう。

します。このことから、**相手の話に興味がなければ、まったく聴くことができていない**、ということがわかっていただけるでしょう。

「聴く力」をアップする簡単なコツを3つお伝えしましょう。1つ目は**相手の話の語尾を時々「○○なんですね？」と繰り返すこと**。2つ目は「**これこれ、こういうこと？」とここまで聴いた話をまとめてあげること**。タイミングよく返してあげられると、相手とあなたとの人間関係が向上します。なぜなら2つとも相手の話をよく聴いていないとできないからです。「私の話をよく聴いてくれる感じがいい好ましい人」と相手にあなたを印象付けることになります。

そして3つ目は**言葉を使わずに情報を伝え受け取る役割を果たしてくれる非言語**（ノンバーバル）**コミュニケーションの活用**です。体の動き・視線・声の調子といった相手全体から発せられる重要情報でコミュニケーションします。優しい視線で相手とその周辺をなんとなくぼんやりとよく見て、心で相手の主旨と本心を受け取るつもりで聴くように心がけます。相手はあなたに"大切にされている"と感じてくれるはずです。非言語コミュニケーションを、ジェスチャーには地域差があることに気をつけて活用すれば、世界のどの国の人の話であってもよく聴くことができます。

81

人間関係改善法は
こうして試す

　人間関係やパートナーシップを改善するために、本書でご紹介した方法を試してみる時、家族や大切な人が相手だと、失敗したくないもの。本当にそうなるのか半信半疑で不安になることもあるかもしれません。しかし、**実践しないままだと、せっかく得た情報がタンスの肥やしになってしまいます。**そこで、まずは絶対好きになれない人で試してみることをお勧めしたいと思います。

　私が心理カウンセラーの勉強をし始めた頃のこと。講座の受講生同士ではうまくできたけれど、実生活で本当に相手が話す語尾を時々繰り返し、時々まとめて伝える聞き方をして、相手にわざとらしいと思われないのだろうかと不安でした。

　そこで、対応に困っていた嫌われてもいい男性に、教わった通りの聞き方を試してみることに。すると、なんということでしょう、「どうして僕の考えていることがわかったの。そう言おうと思ったんだ」と、楽しそうに話をしてくれるようになりました。それどころか、私に話したいと思うようになった彼から好かれて困るほど、態度が好転しました。

　また、「自分で話したことを、話した人はわかっていない」と習ったこともその通りで、驚きました。この一件で自信がつき、確信した私は、カウンセラーの話の聞き方を家族にも自然に使えるようになり、現在に至ります。

苦手な人と話す時に、
相手の話をよく聞き、
語尾を時々繰り返してみましょう。

　実践してみると、あなたも私と似た体験ができるのではないでしょうか。**元々好きになれない人なら、失敗を恐れず思いきり試してみられるでしょう。**それでうまくいって自信と確信が得られたら、家族や大切な人に実践してみてください。

人間関係づくり

183

82

「できない」ではなく
「やらない」

　普段何気なく使う言葉は自分で思っている以上に人生をコントロールしています。

　私たちは、何かの誘いを断る時に、「〜できない（can't）」という言葉を何気なく使っています。「今日の飲み会は仕事があるので行けません」「子供（親）の面倒を見ないといけないので同窓会には行けません」など。

　この"can't"という表現は便利で使いやすいのですが、実はパワーがありません。なぜなら「**誰か（何か）のせいで〜できない**」、**あるいは「私には自分で選択する力や権限がない」と脳に指令していることになる**からです。「できない、力がない」があなたの潜在意識に植え付けられていくのです。

　本当は「行けない（can't go）」のではなく、今回は「行かない（won't go）」と自分の意思で選択したのであり、「できない」「能力がない」というわけではありません。この「行けない（can't go）」を「行かない（won't go）」に意識して変えてみてください。

　私がこの考え方を取り入れようと思ってやり出した時、最初は心が抵抗しました。人からの誘いを断る時に「〜だから行けません」と言うほうが、自分のせいではない感じで気が楽であり、「今回は行きません」とはっきり断ることに慣れていない自分にも気づきました。しかし、この1文字を変え

「私は行きません」と3回言ってみましょう。

ることによって、「私の意思で決めている」というメッセージが脳に送られることになり、「**自分の人生は、自分自身が主体的に選択しているものであり、その責任は自分にある**」と思えるようになっていきます。

「行けない」のではなく「行かない」。日本語ではたった1文字のちがい。でも自分自身に力を取り戻すことができる魔法の1文字です。

ありがとうございます。
今回は参加しません。
また次回、よろしく
お願いします。

83

自分が体験しているかのように
観察イメージと体験イメージ

　あなたは夢をイメージする時、どのように描いています
か？　気づいているかどうかはわかりませんが、イメージを
する時には実は2通りの方法があります。

　1つは**ビデオカメラで録画しているようにイメージする方
法**。その場合は、自分もイメージの中の登場人物として現れ
ます。これは「観察イメージ」と呼ばれています。

　もう1つの方法は**自分の目から見えているものをイメージ
する方法**です。この方法だと、自分はイメージの中にはいま
せん。これを「体験イメージ」と呼びます。

「結婚式」を例に取ってみると、「観察イメージ」では新郎
新婦が2人並んでいるシーンやビーチでカップルが映ってい
るシーンなどです。そして「体験イメージ」では、（もし、あ
なたが女性だったら）新郎の表情や衣装、友人や家族、会場の
様子などが見えます。

　私がジョセフ・マーフィー博士の本を読んで、結婚を引き
寄せるために毎晩毎晩イメージした映像は、実は偶然にも
「体験イメージ」だったことを後で思い出しました。私がイ
メージしたのは、教会で左手の薬指に指輪をはめてもらって
いるシーン（自分の左手は見えますが、自分の全体像はイメージの中で
は見えません）そして式が終わって振り向いた時に、立ち見が
いるほどたくさんの人に祝福されているシーンでした。結婚

手をつないでいる理想のパートナーの笑顔を
イメージしてみましょう。

式当日、退場する際、振り向いた時、本当に立ち見をしてくれている参列者がいて「あ！　私がイメージした通りだ！」と鳥肌が立ったことを今でも覚えています。

　あなたのしているイメージ方法は、「**観察イメージ**」なのか、「**体験イメージ**」なのか、**一度チェックしてみてください**ね。素敵なドレスを着た新婦とハンサムな新郎がたくさんの人に祝福されて歩いているシーン、2人が幸せそうに見つめ合い微笑み合っているシーン、というような「観察イメージ」を繰り返し行うと、もしかしたら、結婚式に招待される、結婚式を見る機会が増えるということになってしまうかもしれませんよ。

「体験イメージ」も上手に使ってくださいね。

指輪交換の観察イメージ

指輪交換の体験イメージ

人間関係づくり

187

84

自分を褒めまくろう

　言葉には力があります。自分の発している言葉がどれだけ人に対して、そして自分自身に影響を与えているか知っていますか？

「言葉によるいじめにどれだけネガティブな影響があるか」を示すために、スウェーデンの家具メーカー、IKEAがある実験を行いました。アラブ首長国連邦の学校で、褒める言葉「あなたが好き。あなたがこの世界を美しくさせた」と、罵る言葉「あなたはダメに見える。なんでまだ生きているの？」を生徒たちが録音し、片方の植物には褒める言葉、もう一方の植物には罵る言葉を、毎日聞かせました。

　そして30日後、褒められた植物は青々としてよく成長し、罵られた植物は葉が垂れ下がり、枯れて茶色っぽくなっていったという、一目瞭然の結果となりました。語りかけられた言葉には植物を元気にさせたり、枯れさせるほどの力があったということです。

言葉は目には見えませんがエネルギーなのです。

　あなたから発せられる言葉も波動として人にも植物にも動物にも届いて影響を与えているのです。そして、それはあなた自身に対しても同じです。あなたは自分にどんな言葉をかけてあげていますか？　人を励ましたり、人に優しくすることは案外、簡単にできても、自分を励ましたり、自分に優し

鏡を見て、「あなたが好き。
あなたがこの世界を美しくさせた」
と3回、自分自身に言ってあげてください。

くすることは、結構、難しいものです。人には「そのぐらい大丈夫だよ」「気にしない気にしない」「ほんとによく頑張ってると思うよ」と言えても、自分自身に対しては「なんで私はこんなことをもできないんだろう」「私はまだまだ。ダメ。もっと頑張らないと」など、思っている以上に自分自身に対してとても厳しく、自己批判をしています。これではIKEAの実験と同じように、自分を枯らしてしまいます。人に優しくするのと同じように、人を褒めるのと同じように、いえ、それ以上に、自分に対してはもっと優しく、そしてたくさん褒めてあげてください。自分を許し、優しくできるようになると、「自分には色々なものを受け取る価値がある」という自己肯定感も向上するので、引き寄せ力も自然とアップします。

IKEA 褒められたプラント、罵られたプラント

85

「どんな時でもご機嫌」で すべてはうまくいく

生きていれば嬉しいことだけでなく、ショックなこと、ムカつくこと、苛立つこと、悲しいこと、色々なことが起こりますね。そんな時には、嬉しくなることが起きるといいなとつい思ってしまいますが、すぐに自分でご機嫌になれると、嬉しくなることが起きます。「笑う角には福来る」ということわざは、豊かさを引き寄せるための真理です。

「ありがとうカウンター」で「何もなくても何があってもありがとうを数えよう」と提唱するWAOさんのモットーは「ご機嫌ならばすべてうまくいく」。ご機嫌だと笑顔でいられるので、周りの人も嬉しくなります。**1人の人が幸せになるとその幸せは3次の隔たりまで伝染する**という研究結果があるように、「ご機嫌・幸せ」は伝染するのです。ご機嫌波動を飛ばすのでご機嫌の人にはたくさん人が寄ってきます。ご機嫌の人には何か頼もうと思う傾向があるので、仕事が繁盛してお金も循環していきます。

ご機嫌でいる。とても単純なことですが、「自分のご機嫌を自分で取り続ける」ことは結構難しいかもしれません。どんな時でも自分をご機嫌に保つことができるようになるためには、気持ちを切り替えるセンスを磨くトレーニングが必要です。

友人のお母さんが、駅で後ろから誰かに押されて、階段を

鏡を見て、口角を上げて満面の笑顔を作り、
30秒間キープしましょう。

転げ落ち、鼻を打ちひどく腫れてしまったことがありました。普通なら、押した人に対して腹を立てるか、なんで私だけこんな目に遭うのか？　と悲しくなったりするでしょう。そのお母さんは、帰宅して自分の顔をまじまじと手鏡で眺めたあと、ニヤリとして「アバター！」と言ったそうです。自分の腫れた鼻が、映画「アバター」に出てくる、青い皮膚の原住民ナヴィ族の大きな鼻に似ていると思ったからです。友人は大爆笑！

　それからそのお母さんは誰かが自分の腫れた鼻を見るたびに「アバター、アバター」と言ってたくさんの人を笑わせたそうです。**自分の怪我さえも笑いに変え、ご機嫌でいることができるこの素晴らしいセンス**を見習いたいものです。

人間関係づくり

191

86

抱えている問題への
スマートな対処法

何か困ったことがある時や問題が生じた時は、ついそこに意識が向いてしまいます。そしてその問題について考えれば考えるほど憂うつになり、気分が落ち込むという経験があなたにもあるのではないでしょうか？

88ページでも説明したように、創造の原理はとてもシンプルです。「**いい気分**」でいると**いいことが起こり、「嫌な気分**」でいると、さらに嫌な気分になることが起こります。

例えば、職場で嫌な同僚がいて人間関係で困っているとしましょう。「あの人のこういうところが嫌だ。この前も会議でこんな嫌味を言った。なんであんな性格なんだろう？　でも、こんなことを思う自分の心が狭いんだろうか？　嫌な人のことを考えるのに時間を使うのも嫌だ」と、考えれば考えるほどどんどん「嫌な気分」になってきます。ポジティブになろうとしても心が抵抗するので逆効果です。そういう時は人生の違う分野でいい気分になれることを考えたり、やってみたりしてください。

例えば、私は仕事上での人間関係で気分が落ちた時は、エクササイズをして汗を流したり、お酒と美味しいお料理をいただきながら友人と楽しく会話することで、気分を戻します。

次の旅行で訪れたいところや、好きな趣味のこと、ペットと遊んで癒されている時のこと、何でもいいのですが、努力

「生きてるだけで丸もうけ」と
3回、声に出して言ってみましょう。

をしなくても「いい気分」になれることをイメージしたり実際にやってみたりするのです。そうすれば、「いい気分」になれます。「いい気分」になれば人生のすべてにおいて、さらに「いい気分」でいることを引き寄せますので、あなたの今、悩んでいる問題も、今まで思いつかない方法で解決したり、急に思いがけないよい展開になっていったりします。

　解決法を一生懸命、見つけようとすること自体がストレスであり、嫌な気分です。しばらく寝かしておいて、**他の分野で「いい気分」になれることをやってください。**あなたの心が抵抗することに時間とエネルギーを費やさないことです。

87

出会った人のキャラ替えをする

　サッカーボールは何面あるか知っていますか？　32面体です。人間も同じでいろんな面を持っています。優しい自分、意地悪な自分、心穏やかな自分、イラつく自分……、あなたの中にも色々な自分が同居していませんか？　色々な自分がいることが普通です。

　嫌な人があなたの人生に「登場」している場合、その人の嫌な面だけに意識のスポットライトが当たり、他の面は真っ暗で見えていないと思ってください。職場で偉そうにしている男性は家では奥さんの尻に敷かれているかもしれません。気難しい上司は、家に帰ると孫を可愛がる優しいおじいちゃんかもしれません。

　その人のどの面に自分の意識を向けるかで見える景色が変わってきます。まさにこのことを体験したことがあるのでお伝えしますね。

　ママ友でボス的な存在の人がいました。おしゃべりでおせっかい、すべてを仕切り、人の噂話ばかりしているので、私はできるだけ避けていました。しかし「登場人物を自分で創り出しているなら、その人に働きかけるようなことはせず、自分の内側で創り変えれば、その人は変わるはず」という仮説に基づいて実験してみることにしました。そのママ友のよいところ、感謝できることを探し始めました。「彼女がいる

697

89222964207

ちょっと嫌だと思っている人を選んで
「この人にはどんないい面があるのだろう？」
と探してみましょう。

からクラスがまとまっている」「実は彼女が、子供たちの面倒を一番見てくれている」など。

そうするとしばらくして、彼女は優しくて気遣いのある素敵な人になり、なんと一番仲良しのママ友になったのです！これはもちろん、**彼女が変わったのではなく私が変わったからです**。嫌な面しか見えていなかったのが、いい面が見えたことで印象が変わり、心から感謝できるようになったことで、私から見た彼女は「まったく別人物」として映し出されたのです。

自分の内側で「登場人物」を替えてみてください。そうすればそれが必ず外側の世界に反映されますよ。

職場では
不機嫌な同僚

孫の前では
優しいおじいちゃん

人間関係づくり

195

88

「あなたを大切に思っているよ」 と口にしなくても 家族に伝わる方法

　ノンバーバル・コミュニケーションとは、言語外のコミュニケーションのこと。例えば、身振り手振り、以心伝心、目がものを言う、日本人が得意な"空気を読む"のもそうですね。

　私は、部屋に額を掛けることで、間接的に「あなたのことを大切に思っているよ」と家族に伝えられる方法を、書籍や講座でお伝えしています。実践者からは、**99％の確率で「家族関係や人間関係に信じられない奇跡が起きた！」と喜ばれているその方法**をお伝えします。

　反抗期の子供の場合、「自分は愛されていない」という勘違いをしてひねくれているのがほとんどで、愛されている実感がないことが反抗の原因です。兄弟姉妹はひいきされて、自分だけ寂しい思いをしていると思い込んでいる場合も多いのです。そこで、子供が複数いる場合は、同じくらいの大きさの、よく撮れている笑顔の写真や、子供が描いて自慢にしている絵などを、画家の作品を購入した場合と同じように大切に額に入れて、すべて同じ高さに、何気なく目に入る空間に、完全に平等を心がけて同じように飾ります。

　子供以外の家族の場合も同じように、愛情を込めながら飾ります。「飾ったよ」とは告げず過ごしてください。

　しばらくすると、家族の言動が変化することに気づくことになります。本心を打ち明けてくれたり、元気になったり、

愛する人の写真や絵を
額に入れて壁に掛けましょう。

優しくなったり、様々な報告を実践者からいただいています。

　何気なく見聞きしたものから無意識に言動が影響を受ける、プライミング効果が働くのです。この方法はまさに、**家族や大切な人への間接的なラブレター**。強力な、**ノンバーバル・コミュニケーション**です。顔を見て話すとケンカになったり、恥ずかしくて「愛してる」と言えない、反抗期で会話しづらいといった場合にぜひ活用してみてください。

　会社でも、社長へ、社員へ、顧客へのノンバーバル・コミュニケーションとして活用できます。

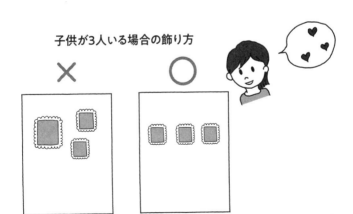

子供が3人いる場合の飾り方

×　誤解が生じる

○　同じように愛していると伝わる

89

あなたが知らない
あなたの怖い顔

　ある時、編集者さんが自ら、本に掲載するための「模様替えビフォー・アフター」を実践されたことがありました。

　当時、お子さんが小学校であった出来事を何も話してくれないと、少し悩んでおられました。そこで、対面式キッチンの自分の顔が見える位置に、鏡を置くようアドバイスしました。

　鏡を置かれたその日に、「子供が今日あったことを話してくれて驚きました」とご連絡をいただきました。「どうして話してくれたの？」と尋ねてみると、「いつもお母さんはお仕事で疲れているみたいだったから、そっとしておいてあげたかった」と答えたそうです。優しいお子さんで、親を思いやってくれていたんですね。

　さて、この変化はなぜ急に起きたのでしょうか。実は、**食器を洗ったり、仕事をしている時、多くの人はしかめっ面をしています**。鬼の形相のような人もいます。周りの人はそれを見て、話しかけないでおこうと思います。自分では怒っているつもりはなくても、実はとても怖い顔になっていることがあります。笑っているつもりでも、それほど笑顔には見えません。

　実際に鏡を置いてみるとわかりますが、ふと見るとギョッとするような顔が映っていて、驚かされます。不意に撮影さ

キッチンや机の、
何気なく見ると顔が映る位置に、
鏡を置きましょう!

れたスナップ写真が「何よ、これ!」と気に入らないことがありませんか?　実は普段のあなたは、その通りの表情をしているんです。

赤ちゃんの頃は、満面の笑みだったあなたの顔は、歳を重ねるごとに頬の筋肉が退化して、心と表情が一致しなくなってしまっています。意識しないと怒っているように見えてしまうのです。

鏡を置いてチェックし、いつも笑顔でいる習慣がつくと、それだけで周りの人が話しかけてきてくれるようになります。また、道をよく聞かれるようになったりもします。そして、不意に撮影されたスナップ写真にも、「この写真、欲しい!」と思えるような笑顔で写るようになります。

人間関係づくり

90

「結婚したい！」が強すぎると、なぜ叶わないのか？

　パートナーが欲しい、結婚したいのに、なかなかいい人と出会わないとおっしゃる方がおられます。「パートナーが見つからないと、自分の人生は真っ暗」と悩まれている場合、どのようなお相手をイメージされているのか伺ってみると、とにかく理想が高い。人気アイドルや美術館の彫刻のような美しさに、賢さと優しさと強さを兼ね備えた、財力のある男性・支えてくれる女性……。

　まず、**相手に求める理想の内容を書き出して、それが自分の中にあるかどうかをチェックしてみること**をお勧めしています。自分と同じ波長やエネルギーのものを引き寄せるのは、パートナーの場合も同じだからです。そして、自分の中にない項目については、「未来先取り」して「自分の個性の１つ」と意識します。

　どうしても理想通りの人と出会いたいという場合は、例えば、その理想のパートナーといる自分は、どんな性質でどんな人となりなのかをイメージして、その自分を「未来先取り」で生きるようにしてみるのもいいでしょう。自分という１人の人格の中で全体的に調和が取れた理想的な人間力を持ち、誰かに幸せにしてもらわずとも幸福感に満たされていると、あなたの魅力が増し、それと似た人を惹きつけやすくなります。

相手に求める理想の性質を3つ書き出してみましょう。

① (　　　　　　　　　　　　　　　　　)
② (　　　　　　　　　　　　　　　　　)
③ (　　　　　　　　　　　　　　　　　)

　「こんなパートナーがいなければ、幸せになれない」と強く願う時、「それが、今ない」という強いエネルギー・周波数を発しています。すると、それと同じエネルギー・周波数のものを引き寄せますので、「今ない」という状態が続きます。

　心の探究を始めたことでDV夫からようやく解放された女性について、マーフィー博士が紹介されていた例をお話しします。この女性は、心の周波数が完全に変わる前に、寂しくなってバーで新しく知り合った男性とお付き合いするのですが、またしてもDV男でした。心の状態が以前のままでは、以前と似た相手を引き寄せるお話で、そのことを完全に理解した後に、幸せな出会いをされたということです。

　相手がいても、いなくても、どっちでも幸せな自分。すると、一緒にいて幸せでいられる人を引き寄せます。まずは、思考と直感どちらかに偏らないでちょうどいいバランスでいて、「男性性と女性性の調和が取れている自分自身」を、今すぐ実現しましょう。本書では、エビデンスを読んで思考で理解し（男性性、顕在意識）、直感力を使って内側の世界で「引き寄せ」を実践します（女性性、潜在意識）。

　ワンポイントレッスンを実践していただくことも、幸せなパートナーシップへの近道になると言えるでしょう。

91

家族が別の人になって帰ってきた話

　あるお母様が、家族が嫌なことをしたり言ったり、困った事件を起こすと悩んでおられました。観察していると、その家族はお母さんのことが大好き。愛してほしいと切望している様子ですが、お母様にその思いが届いていません。お母様は家族から話しかけられた途端、嫌な顔に変わるので、家族に丸わかりで、家族はお母様の注意を引こうと、嫌なことをしたり言ったり、困らせたりします。

　この状況をお母様に伝え、嫌な顔をせずに、ただ話を聞いてあげてくださいとアドバイスしたところ、その通りにされました。やがて、まるで別人のようになって外出先から夫や子供が帰ってきたそうです。**自分が変わることで、鏡に映るように、家族が変わった**という例です。

　「パラレルワールドは存在しない」と主張し続けたホーキング博士は、最後に「パラレルワールドは存在する」と言って、亡くなられました。そんなこともあるかもしれないと仮定すると、**このお母様は、違う家族がいる別次元にパラレル移行したのかもしれません**ね。

　さて、ここからは科学で解明されていないトンデモ話ですが、実話です。私の知人に、スマホで音楽を聴きながら坂道を歩いていたところ、ストンとありえない派手なこけ方をした人がいます。その時、耳にはめていたAirPodsが飛んでし

鏡に向かって
「私は最高の世界を選ぶ！」と
3回言ってみましょう。

まい、慌てて集めたところ、右耳用1つと左耳用1つで合計2個のはずが、まったく同じ型番のAirPodsが、もう1つ増えて3つありました。1個増えてしまったのです！　私はこの時に撮影された3つに増えたAirPodsの写真を見せてもらいました。

　その時、スマホには曲名として「future（未来）」と文字が出ていたそうです。彼が学識者にこの話をしたところ「次元ズレが起こったのかも」と言われたそうです。

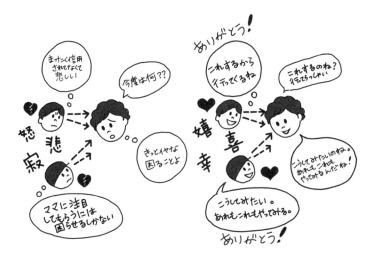

人間関係づくり

92

色眼鏡をかけ替えてみたら…

職場で、どうしても好きになれない人がいるとします。そんな時は、その人がひょっとして家ではよいお父さんかも、お母さんかも、おじいさんかも、おばあさんかも、と想像してみてください。見る目が変わる、あなたがかけている色眼鏡をかけ替えることができると、状況が一変し、人間関係が好転することがあります。

これはよい例とは言い難いですが、私が色眼鏡をかけ替えたら状況が一変した実話です。ある大学が近隣に引っ越してくる噂が出てから、年老いた母が住む実家に、地上げ屋がやってくるようになりました。それからというもの、嫌がらせだとしか思えない出来事が続きます。悩まされ続けた母は倒れて大病を患い、そのまま認知症になってしまいました。

地上げ屋は、映画のキャストによくいる下っ端のワル役をそのまま絵に描いたような男性。話は適当な嘘ばかりで、まったく信用できません。よくあるケースだそうですが、建築会社の名刺なのに、実際の登録は介護業者であったり、総理に話を通してきたと言うといった具合です。何年間も嫌がらせのような状況が続き、堪忍袋の緒が切れた私は、ついに戦闘態勢100%、怒りが爆発しました。それから、この地上げ屋はますますよくやってくるようになりました。

そこでようやく「ん?」と立ち止まりました。日頃、「色

どうしても好きになれない人の、
想定外のいいところを妄想してみましょう！

眼鏡をかけ替えましょう」とお伝えしている私が、何をしているんだろうと思い直し、実験を試みることにしました。

　地上げ屋が実は、家に帰ると奥さんのお尻に敷かれていて、「今日は地上げできたんか！」と怒られて「できなかった……」と小さくなっているところを、想像してみました。ひょっとしたら、彼は地上げすることが社会貢献だと考えており、「私がやらねば誰がやる」という志に燃えているのかも、というふうにも想像もしてみました。

　なんと、その後一度も、その地上げ屋はやってきませんでした。

人間関係づくり

93

あなたにも
目に見えない大応援団がいる

　科学的な根拠はまだありませんが、本書でもご紹介した「権利書事件」から始まり、死後に見るという人生を振り返る走馬灯を見た体験まで、数々の稀有な不思議体験をしてきた私が、考え至っている「目に見えない人たち」についての話をしたいと思います。

　あなたが、もし誰かの親であったら……。大切に思っている人がいたなら……。この世から離れた後に願うのは、この世にいる子供たちや大切な人の幸せでしょう。**あなたの命につながるまでの先祖の数は、もはや宇宙的な人数です。彼らは大軍で、よってたかってあなたを応援しようとしてくれています。**彼らとあなたの関係が良好であれば、あなたが願いさえすれば、喜んで応援してくれます。

　さて、目に見えない人と、どうすれば良好な関係になれるのでしょうか。それは、**お願いをするより先に、日頃から彼らに「感謝しています」と祈る**ことです。ちなみに、私は無宗教です。この場合の祈りにも宗教は関係ありません。純粋に、ご先祖様にありがとうと感謝するだけでいいです。いつでも、どこでも、感謝する習慣がつくと、なおいいです。

　感謝の祈りは、あなたと目に見えない応援団のよい関係を結ぶ絆になっていきます。目に見えない人たちにも得意分野があり、あなたが直面している出来事に適した人が連携を

ご先祖様に「感謝しています」と祈りましょう！

取って応援してくれます。

　私が住む京都では、町内で神社を守っている場合があります。実家町内で守っている神社が台風被害に遭った時のこと。被害の大きさにどうしていいかわからず途方に暮れ、私は霊験あらたかと名高いある神社で祈りました。その夜ふと目覚めると、私が眠っている布団の上に、いくつかの光の玉が集まっていて、直感的に神々だとわかりました。「どうする？」と相談している様子です。神は絶対的で、命じるような口調で、迷わないものだと思っていたので、相談しているのが意外でしたが、神々は相談するのだということが、この一件でわかりました。それから様々な偶然が連続し……、導かれるかのように町内のその神社をピカピカに修復することができたのでした。

　神々もまた、私たちの先祖の先祖の、そのまたご先祖です。信じていても、信じていなくても、日常的にありがたいなという気持ちを持ち、いつでもどこでも「感謝しています」と祈っていると、目に見えない応援団が大軍であなたをサポートしてくれます。

　まだエビデンスのない「引き寄せ」のコツですが、経営者に実践者が多い方法です。近年、目に見えない世界についても研究が進められています。あなたもぜひ試してみてください。

94

意識が病気を治す

プラシーボ効果①

「この薬で私は治る」と信じる心が、治癒をもたらすという研究結果があります。「信じる者は救われる」「鰯（いわし）の頭も信心から」「病は気から」。これらのことわざは、私たちの意識が現実を創っていることを表しているもので、プラシーボ効果（プラセボ効果）という概念で説明ができます。

プラシーボ（placebo）とは英語で、訳すと偽薬のこと。**プラシーボ効果とは、実際の医薬品や治療薬に起因する効果ではなく、マインドセット**（信念や期待）**に起因する効果のこと**を指します。

プラシーボ効果は多くの研究や臨床試験を通じて学術的に証明されています。例えば、2020年に発表された788人のリウマチ患者を対象とした研究では、偽りの薬剤を投与された患者たちは、「症状が改善された」という主観的報告だけではなく、関節炎の程度を示すCRP値が有意に改善されるという結果になりました。

パーキンソン病患者にプラシーボを投与すると脳からはドーパミンが実際に放出されます。他にも偏頭痛の改善や、痛みの緩和、うつ病の回復など、これまで多くの研究によってプラシーボ効果についての報告がなされています。

体の中に取り入れられた薬剤だけではなく、信念、期待、思い込みも治癒をもたらすのです。つまり、あなたの意識が

足の先から頭のてっぺんまで、
両手で優しくなぞりながら
「ありがとう」と声をかけ続けてみてください。

体さえも変えてしまうということ。「神様のおかげで奇跡が起こり病気が治った」というケースは、神を信じる力がプラシーボ効果となり、実際には自分の意識が体を治したことを研究結果が語っています。

　私たちの意識は、それほど力があるのです。何を信じても構いません。**あなたが本当に信じること（信念）が現実になる**のです。

意識と身体

95

言葉だけで、偽薬がなくてもOK

プラシーボ効果②

プラシーボ効果は**見せかけの処置をしたり、偽りの薬を使ったりしなくても、言葉による暗示でも効果が発揮されます**。

2007年にハーバード大学で行われた実験によると、言葉によるプラシーボ効果が体に変化さえも起こすことが明らかになりました。

84人の女性ホテル清掃係を2グループに分け、片方のグループにだけ「あなたたちの（清掃をするという）仕事はよい運動になっており、米国公衆衛生局長官が勧める活動的なライフスタイルを満たしています」と伝えられました。

それから4週間後、その片方のグループだけが、体重、血圧、体脂肪、ウエスト・ヒップ比、肥満指数（BMI）が有意に減少したのです。

仕事量が増えたわけでも、仕事以外での運動量が増えたわけでも、食事制限をしたわけでもありません。それまでは、自分がやっている清掃の仕事を運動だとは思っていなかったのが、「仕事＝運動」という認識に変わったことで、実際に体のサイズや細胞まで変化したのです。

これは、まさに「意識が現実を創っている」という証拠に他なりません。神経科学の進歩により、プラシーボ効果に関連する脳領域や神経回路の活動が観察され、その生理学的な

「私の家事と仕事は十分な運動になっている」と
3回声に出して繰り返してみてください。

メカニズムが明らかにされつつあります。

　私たちの期待や信念の力は偉大なのです。**何に注意を向けて、何を期待し、何を信じるか、**意識的に選択していきたいものです。

意識と身体

仕事＝運動

211

96

生物学的年齢を超える秘訣
究極のアンチエイジング

　楽しい時や、何かに夢中になっている時は、時間があっという間に過ぎますが、苦痛なことを体験したり、嫌なことをさせられている時はなかなか時間が経たない気がする、という経験は誰にでもあると思います。このように、時間の流れは主観的に感じられ、同じではありません。

　例えば、私の場合、同じ1時間でも、大好きなドラマを見る時は「え？　もう終わり？　短すぎる。早く続きが見たい」と思いますが、内容が薄く参加している意義がないように感じる会議だと「まだ終わらないのか……。あと30分も残っている……」と感じます。

　アインシュタインも「熱いストーブの上に手を置けば1分間が1時間のように感じる。綺麗な女の子と一緒に座っていれば1時間が1分のように感じられる。それが相対性というものだ」という名言を残しています。

　例えば、趣味に夢中になっていて、1時間くらい経ったかなと思って時計を見ると「え？　もう3時間!?」と感じる時は、どのようなことが起こっているのでしょう？　あなたが主観的に経験する内側の世界の時間は1時間、時計で計る外側の世界では3時間。実際には3時間経っていても、あなたの世界では1時間しか流れていません。あなたの内側の世界では時間の流れが外側の世界より遅くなっているということ

あなたが「え? もうこんな時間!?」と
思うことは何ですか?
考えてみてください。

です。

　何かに集中して時を忘れる状態のことを心理学では「フロー」と呼んでいます。フロー状態になると、瞑想をする時と同じような脳活動が起こることが報告されています。**自分の大好きなことにいつも取り組んでいる人が、はつらつとしていて、実際の年齢よりも若々しく見えるのは、瞑想で老化を遅らせることができることと似た効果**だと言えるかもしれません。

　あなたが夢中になって「え? もうこんな時間!?」と感じられるのはどんな時でしょうか? そういう時間を意識的に作ってみてください。無料でできる最高のアンチエイジング法です。

意識と身体

213

97

痛みさえ意識で
コントロールできる

　痛みは意識の向け方で軽減することができます。この本の執筆を始めた頃、首を痛めてしまいました。肩甲骨周りが痛く右腕がしびれ、字を書くのもパソコンを打つのも大変だった時のこと。友人に素晴らしい整体の先生を紹介してもらい、家で施術をしてもらうことになりました。

　施術中に、キャビネットの上に飾ってあった『未来先取り日記』について聞かれたので、つい熱く語ってしまいました。すると先生が、「今、『未来先取り日記』のことを話している時は痛くなかったでしょう？」と言われ、びっくり！　確かに痛みを感じなかったのです。

　「施術中は目を閉じているのに、自分で気づいていますか？目を閉じることで、無意識のうちに痛みを感じようとしているのですよ。目を開けておいてください」と言われました。

　怪我をしてから、自分では気づかないうちに痛みに意識を向け続けていたことが、その時に初めてわかりました。

　その後、痛みではなく、痛くないところ、動かせるところに意図的に意識を向けるようにしたところ、痛いと思う時間がどんどん減っていったのです。

　痛みさえも意識でコントロールすることができることはプラシーボ効果に関連する多くの研究で実証済みです。例えば、偏頭痛患者に偽薬を飲んでもらうと、頭痛が改善されると

目を閉じて心臓に手を当てて
「私の心臓のリズムは規則正しい」と
3回声に出して言ってみましょう。

いったように。

病気は「気を病む」と書きます。まさに「病は気から」ということ。**体の調子が悪い時でも、気持ちまで病んでしまわないようにすること**が大切ですね。弱気ではなく強気。**意識をどこに向けるかで、感じる痛みの強さや回復速度さえも変わります。**

あれ??? 痛くない!?

98

イメトレで、突然
“運動神経爆上がり”

応用編

こんな場面でこんなやり方

　私、ヒロミは10歳くらいまでガリガリで、真っ赤なセルロイドの眼鏡をかけ、本好きで運動が苦手な女の子でした。

　休み時間のドッジボールに参加しようとすると、「お前が入ると負けるから、こっちのチームに入るな」と言われて悲しい気持ちになりました。速く走れるようになったら、喜んで参加させてくれるかもと、早起きジョギングする決意をしました。

　目的地に決めた神社まで走る途中には、パン屋さんがあり、1ヶ月もすると、ジョギングは大好きな惣菜パンを買うついでの散歩に変わってしまいました。それでも、やめてしまうと「走りが速い」「みんなと楽しく遊ぶ」という望み自体が消えてしまう気がして、毎朝出かけました。

　颯爽と走っているつもりで散歩し、神社の階段に座ってパンを食べ、格好よくなった気になって、朝の京都の街並みを眺める。爽やかないい気分で帰宅し支度をして、小学校へ行きます。

　そんなある日、運動神経がポン！とよくなる奇跡の体験をすることになります。運動会のリレー選手になり、走高跳びは学校で一番高い高さを飛び、休み時間のドッジボールにも喜んで参加させてもらえる日常に突然、変わりました。**毎朝いい気分でイメージを続けたことで、「引き寄せの法則」が**

今日は散歩に出かけてみましょう！

働いたのです。

　15分間×2週間の筋トレをしてつく筋肉量を100％とすると、イメージトレーニング（ビジュアライゼーション）で約66〜85％の筋肉がつくという実験結果があります。必死のトレーニングをしても、イメージトレーニングだけでつく筋肉量に大差がないなんて！　10歳の私の運動神経が突然向上した奇跡は、このエビデンスで説明できますね。

　プロアスリートの常識「イメージトレーニング」は、筋肉細胞まで変化させる素晴らしい力を秘めている可能性があります。**運動が苦手でも、体が動かしづらくてもできる「イメージトレーニング」を続けることで、健康や体力向上が期待できそう**ですね。

意識と身体

99

イメージ筋トレで
ダイエットに成功するポイント

「体型を絞る目的で運動をしても、続かなくて……」という場合、イメージトレーニングを活用してみる価値があります。実践する時に押さえておきたいポイントを2つお伝えします。

1つ目は、イメトレする"内容"についてです。私は最初、「脂肪が血液に溶け出して外に出て、体内の脂肪が減っていく」というイメージだったために、血圧が上昇し、呼吸や胸が苦しくなって、すぐやめました（私が医師なら正しくイメージできたかも）。

やみくもに始めた次も失敗でした。運動が苦手な私の筋トレのイメージは曖昧で、続けても意味がないことが途中でわかり、結局トレーナーに実指導を受けることにしました。

お腹周り・二の腕・太ももなどの気になる脂肪が、効率よく落とせる筋トレを教わりました。実践2週間で体が締まって、入らなかったお気に入りの服が着られるようになり、周囲から「痩せた？」と声をかけられて嬉しくなりましたが、元々は運動嫌いなので、トレーナーについての現実のトレーニング継続はここでギブアップ。その後すぐ、イメージトレーニングを取り入れました。運動が苦手な人は、**実際の指導を受けて、イメージトレーニングする内容を体感覚で覚えること**が大切です。

2つ目のポイントは、イメトレする"時間の長さ"につい

YouTubeを見ながら
筋トレをやってみましょう。

てです。イメージングをする場所は自由。ソファでも、通勤中の電車でもよく、隙間時間でできるので、助かります。注意すべきなのは、筋トレの順番・スピード・回数・イメージする手足の位置などです。**忠実に体感イメージを持って、実際に筋トレした時と同じだけ時間をかけて、イメージトレーニングする**ことが大切です。

近年、研究者たちの合意事項となっているのは、「実地訓練のみ」よりも、**イメージ訓練（MP）と実地訓練（PP）の両方を組み合わせるMP＋PPのほうがもっと効果が上がる**ということ。スタンフォード大の研究者らが、このように表しています。MP ＜ PP ＜ MP＋PP（イメージ訓練 ＜ 実地訓練 ＜ イメージ訓練＋実地訓練）

最初はトレーナーから筋トレ指導を受け、「あと10回の腹筋なんて無理！」となったら、イメージ筋トレを足す。トレーニングが面倒に感じてきたら、筋トレをやめるのではなく、イメージ筋トレに切り替えて、実際の筋トレと同じ時間をかけて、イメージトレーニングをする。

これが、イメージ筋トレで体型を絞る時のコツです。

意識と身体

219

100

イメージ筋トレ・
イメージ運動も継続が命

　イメージトレーニングの筋トレで不要な脂肪が落ち、適度な筋肉がついた私は、17kgの減量に成功しました。久しぶりに感じる心地よい体重と体に「達成した」と有頂天になった私は、そこでイメージトレーニングをやめてしまいました。すると、なんと見事に以前の体型と体重に戻ってしまったのです。

　長い間保っていた、ぽっちゃり体型と重めの体重を、体の恒常性が「安全」と判断してしまったのでしょうか。後で気がついたのですが、216ページでお話しした運動神経がよくなった体験の後も、1年ほどで運動能力は元に戻ってしまいました。

　リアルな運動や筋トレをやめると運動能力や筋力が落ちるのは当然です。イメージ筋トレ・イメージ運動も、続けないと効果が低下するのでしょうか?

　2012年に行われた、イメージトレーニング効果が長続きするかどうかの研究調査では、イメトレ休止期間中に筋力と筋肉量にわずかな低下が見られたそうです。このことから、**イメージ筋トレ・イメージ運動も、リアルな運動や筋トレと同じで、継続しないと効果が低下する**と言えると考えられます。

　体重の維持は、摂取エネルギーと消費エネルギーが一致し

歯磨きしている間、
スクワットをしているイメージを
し続けましょう！

てさえいれば維持できる、シンプルなもの。「わかっている
けど、それができれば苦労しないよ」と感じる時には、イ
メージングを活用し、継続することが得策です。

「引き寄せ」から話題が外れますが、私のダイエット体験を
シェア。食事は炭水化物を控えて良質なタンパク質を摂るこ
と。筋トレは、スクワットが一番気になる脂肪を効率よく落
とす早道でした。それに、膝を曲げて楽にできる腕立て伏せ
と腹筋と、有酸素運動を足しました。結果が一目瞭然にわか
るために、体重計とWi-Fiで連動しているスマホアプリを利
用しました。体重のちょっとした増減に一喜一憂せず、筋肉
量なども見つつ、全体的によい方向に向かっていることを見
るようにしました。

　食べすぎ飲みすぎず、ストレスや疲労をためないように注
意して、イメージングで体内の見えないところで変化しよう
としてくれている細胞や筋肉にお礼を言うつもりで、体をい
たわりたいものです。

　運動や筋トレ、イメージ筋トレ・イメージ運動をわずかな
時間でもいいので習慣に組み入れ、継続しましょう。

意識と身体

221

101

激痛がきれいに消えた
私の経験

　体に痛いところがある時や、体調が悪い時は、仮に全体の1％に満たないわずかな部分であっても、意識がそこに集中してしまうものです。この時、好調な部分に集中してみることをお勧めします。

　ある時私は、片づけをしていて手が滑り、右足の薬指に細長い重いモノを落としてしまいました。素足だったので一瞬、激しい痛みを感じましたが腫れていなかったので気にしないようにしました。

　そのまま忘れていたのですが、翌日、革靴を履かないといけない用事があり、歩き始めたところ激痛が右足薬指から広がりました。「ダメだ、今日は歩けない」と思ったその時、他の健康な手足の指に意識を向けることで、痛みを和らげることができるのではないかという直感を得ました。

　そこで「痛いのは1本だけ。健康な手足の指は19本、1：19。健康な指、いつもありがとう」と心の中でつぶやき深呼吸をしながら、健康な19本のほうに意識を向けて歩きました。すると、20メートルほど歩いたところで薄れてきた痛みは、そのまま本当に消えてなくなりました。

　この経験は私の個人的なもので保証できませんし、具体的な効果や効果の持続性はその人や状況により異なるでしょう。痛みや怪我に対しては医療専門家との相談がもちろん重要で

体の健康な部分を1ヶ所選び、「ありがとう」と3回声に出して言ってみましょう。

す。しかし私にとっては、イメージが健康に与える影響の大きさを実感する出来事でした。

　免疫に関する心理介入の研究例では、メラノーマ（悪性黒色腫）の患者を対象にメンタルサポートを提供し、6年後にフォローアップしたところ、再発率と生存率の改善が示されたというものがあります。痛みの軽減については、急性火傷の治療中に、仮想現実（VR）を使用した患者は、痛みの感じ方が変わり軽減したという研究結果があります。

　さらなる研究は必要ですが、**私たちの意識やイメージが健康に有益な影響を与える可能性と、私たちがまだ探求すべき領域があること**を示唆しています。

　あなたも、いつもなら絆創膏を貼るだけの、かすり傷をした時にぜひ試してみてくださいね。

意識と身体

223

イタイよ

あれ!?
痛くない!

大丈夫だよ!

102

半年後には
新しい自分になっている！

　私たちの肉体の中では、日々細胞が死に、生まれ変わっています。皮膚細胞は、約2週間から1ヶ月、血液細胞は、数日から数週間、肝細胞は約6ヶ月といった周期で生まれ変わります。

　半年後には、新しい自分になっているといった感じですね。一番周期が長い骨細胞でも10年ほどで生まれ変わります。また、これまでは再生しないと言われていた神経細胞についても、再生する可能性があるとわかり研究が進んでいます。

　大雑把に、6ヶ月後には新しい細胞の人間に、10年後には骨まで新しい人間になっていると捉えてみることで、**6ヶ月後を目標に今できる健康増強のアイデア**を提案したいと思います。

　思考が、細胞の再生に直接、影響するかどうかは、現時点では、科学的な確定証拠はありませんが、「心身相関」と呼ばれる概念があります。心理的ストレスが慢性的に続くと、免疫系の働きが低下し、体調不良や病気にかかりやすくなることがあることは知られていますね。逆に、ポジティブな思考やストレス軽減の方法が免疫系をサポートし、健康を促進する可能性も示唆されています。

　217ページで、イメージング（ビジュアライゼーション）によって、実際にトレーニングをした場合に、平均約8割の筋

以下の文章を書き写しましょう。
「私はますます健康になり、
日々若返っている。ありがとう」

肉がつくという実験結果があることをご紹介しました。これは、細胞さえもイメージで変化すると示唆する可能性があります。

　そこで、「**私は少しずつ健康になっている、ますます健康になっている。私の体内で、細胞は正確に再生されて日々若返っている**」などと、イメージしてみましょう。細胞が全部入れ替わる半年後、10年後に、自分の肉体の健康状態が今日までと比較してどうなっているか、楽しみになりませんか？

意識と身体

103

自己治癒力を高めておこう

　私たちの体には自己治癒力が元々備わっています。例えば、転んで膝をすりむいて血が出たら自然にかさぶたができて皮膚が再生されます。外から細菌が入ると、白血球が攻撃してくれます。必要な場合は体温を上げて菌を殺してくれます。**自己治癒力は私たち誰もが持つ素晴らしい潜在意識の力**なのです。

　自己治癒力が向上すると、健康維持が期待できます。どんな怪我の手術も病気の投薬治療も、その後の回復は潜在的に誰もが持つ自己治癒力で、DNAの設計図通りに壊れた細胞を自然に修復再生していきます。

　『ザ・シークレット』に登場して体験を語る"奇跡の男"、モリス・E・グッドマンさんの実話をご紹介しましょう。

　自分が運転するセスナ機が墜落し、まばたき以外できなくなってしまい、一生植物人間だと宣告を受けた彼。でも、「どう言われようと大切なのは自分の考えだ」と、普通の体に戻って歩いて退院する決意をし、人がどう言おうと、病床でその姿を想像し続けます。自己呼吸ができなかったところから呼吸器が外され皆に驚かれる中、「クリスマスの日に歩いて退院する」という目標を立て、リハビリに取り組みます。そして8ヶ月後、ありえないと驚かれながら、本当に歩いて退院します。

最高の健康状態で
旅行を楽しんでいる自分を
想像してみましょう。

　彼は、「自分の目標や願望を邪魔しようとするものを一切心の中に入れなかったんだ。人は自分が考える通りになれる」と語ります。

　もし、あなたなら、**自分の不運を呪って、そのことや宣告について考え続けますか？**　それとも、**普通の体に戻って退院する姿を想像し、目標を立てて治療やリハビリに取り組みますか？**

　この自己治癒力には個人差があります。遺伝や年齢、外部要因などは仕方ないとして、健康状態、生活習慣、心理的要因の改善を日頃から心がけて、自己治癒力をアップしておきたいところです。

意識と身体

104

体の不調を、
人に話しすぎてはいけない

　医師に治療を任せたら、体の不調について人に話しすぎないようにして、今を楽しく過ごしましょう。

　思考や言葉の力が細胞や行動まで変化させるという、本書でもご紹介するエビデンスから予測できるのは、**病気について考えて不安になればなるほどストレスが増して、抵抗力や自己治癒力が低下する**ということです。

　"奇跡の男"、モリス・E・グッドマンさんの妻である、キャシー・グッドマンさんは、乳がんになりました。ストレスが一番よくないと知っていたので、「治してくれてありがとう」と言い続け、夫妻でテレビで喜劇を見てずっと笑っていたそうです。その結果、乳がんは消えてしまいます。

　私の周りには、病気のことばかり話して心配して、がんで亡くなった友人と、例に挙げたモリスさんと似たことをして、「乳がんが消えた」と主治医を驚かせた人、両方がいます。

　自動車レースでは、スピンしてしまった時に、レーサーが壁を見てしまうと衝突するそうです。ところが、スピンしている途中でも戻るべきコースに視線を向けると、コースに戻れるんだそうです。

　あなたが体調不良のままずっと過ごしたいのであれば、体調不良について思考して話せばよいですが、**体調をよくしたいのであれば、体調がよくなることについて思考して話すの**

全力ダッシュをして
「気持ちいい！」と叫んでいる自分を
イメージしてみましょう！

が、「引き寄せ」の基本です。

　自己治癒力が低下する理由の1つに、ストレスが多い状態が挙げられます。ストレスは慢性的な疲労、頭痛、消化器系の問題、うつ症状、不安、イライラなどを引き起こすことがあることがわかっています。病気について話し、気にしすぎてストレスを感じると、自己治癒力が低下し「治りたくない」と言っているのと同じことになるだけでなく、さらに体調を悪化させる可能性まであります。

　病気について考え、話すことは治癒の妨げとなるストレスを引き起こし、何一つよいことはありません。名医を探すとか、健康によいことをするとか、治療を医師に任せたら治癒につながることや体調がよくなることを話し、考え、行動しましょう。

意識と身体

229

105

「ない」のではなく
「ある」けど見えていない

　願いが実現しない理由に、「引き寄せたい！」と願うたびに「ない」を脳に指令してしまっていることがあります。「ない」から引き寄せたいと思うわけなのに、いったい、どうすればいいのでしょうか。

　マレーシア出張での仕事が無事終わった翌日のこと。夕食を終えてホテルに戻り「アップグレードしてもらえた部屋の素敵なバスルームで、アロマバスかバブルバスに入りたい。一度フロントに聞いてみようかな？」とふと思ったのですが、結局そのまま部屋に戻り、普通通りのバスタイム。

　翌朝、洗面台の横に立ててあるカードのような案内にふと目が留まりました。なんと!!　アロマバスやバブルバスを好きな香りを選んで部屋で作ってくれるサービスの案内だったのです！　それも1000円もかからない値段で!!　「ガ～ン！ショック！」そんなサービスは、今まで一度も聞いたことも見たこともなかったので、私の中には「存在」していませんでした。なので視界に入っていても脳がキャッチせず認識できなかったのです。

　このように、「ない」と思っているものは、世の中に存在していても実は見えていません。何か引き寄せたいものがある時は、「私の引き寄せたいものは、実はすでに存在している。ただ認識できていないだけ」と思ってください。「**ない**

今いる場所を見渡して「赤いものが」いくつあるか数えてみてください。

から欲しい」と思うのと、「あるけど、まだ見えていないだけ」と思うのでは、天と地ほどの大きな意識の違いがあります。

　何かを引き寄せたいと思う時。それは引き寄せたいものを自分が持っていない時。「ない」から引き寄せたいと思う時に大切なのは、**自分が引き寄せたいものは実はすでに「ある」と理解すること**です。脳はわずか0.00036％の五感情報しかあなた（顕在意識）に送ってこないのです。**世の中に存在している99.999％以上は自分**（顕在意識）**では認識できていな**いのです。

豊かさ

赤いものなんてないと
思ってたけど
結構あるある！

106

お金で買えない財産

「あなたの資産はいくらですか？　計算してみてください」と言われたら、あなたは何と何を足しますか？　銀行預金や所有している株、土地、建物などの金額でしょうか。

お金が欲しいと思うのは、たいてい"お金が足りず不安を感じている時"です。「引き寄せの法則」では、**お金がなくても今「すでに豊かだ」と感じられると、さらに豊かさがある方向へと引き寄せられていきます。**でも、「今月の支払いに必要なお金が足りない！」という時に、いったいどうしたら豊かで安心している自分を想像できるでしょう？

冒頭と少し違う質問をしてみましょう。「あなたの子供や、大切なパートナーを思い浮かべてください。その人の価値はいくらになるでしょうか？」

その人はあなたの宝、財産です。少なくとも数億円から数兆円の価値があるのではないでしょうか。

大切な家族を思い浮かべて「わが家にはすぐには現金化できない1兆円の財産がある」と考えてみることは、とても有益です。愛情の量をあえて数値化して認識ができるため、「すでに豊かだ」と感じやすくなります。そして、「お金が足りない、どうしよう」というネガティブな気持ちが薄れ、消えかかっていることにも気づくでしょう。

認知心理学の研究で、**不安で混乱していた思考や情報が頭**

「**お金で買えない財産**」を3つリストアップしてみましょう。
① (　　　　　　　　　　　　　　　　)
② (　　　　　　　　　　　　　　　　)
③ (　　　　　　　　　　　　　　　　)

の中で整理されると、「リラックスできる」「自己肯定感が上る」「感情がポジティブになる」「意思決定や問題解決がスムーズに行えるようになる」ことが解明されつつあります。

　それだけではなく、今ある「お金で買えない財産」を深く感じることで「選択的注意」が働き、脳は自動的に「お金で買えない財産」を探し出すようになってきます。その結果、これまで見逃していたお金が入ってくるヒント・アイデア・運を発見する可能性も出てくるかもしれません。お金に対する「引き寄せ」が起きる可能性が高まる「お金で買えない財産」を、ぜひ計算してみてください。

豊かさ

107

叶った時、どんな気分になるか？
誰が幸せか？

　引き寄せの法則では「欲しいものが手に入った時の結果だけを想像する」といいと言われています。これは、**途中経過を自力でゴリ押しせず、自然な流れに任せたほうが実現につながりやすくなる**という意味で、超ポジティブで現実とかけ離れた想像をしなさいという意味ではありません。

　ある時、月末に資金不足で支払いができなくなるという会社の社長がセミナーに来られました。実は「大変な時に、こんなところに来ていていいのだろうか」と少し不安を感じながら参加されていたそうです。

　この社長さんは、最初は「〇百万円が入ってくる」ことを想像されていました。しかし、本心では信じきれないポジティブな想像をした場合、無意識に「そんなことあるはずない」と心が抗います。予想に反して、憂うつな気持ちでそれ以降の日々を過ごすことになります。いい気分でいることが、引き寄せのコツですから、結果も現れません。

　これに対して「お金」を手にした時、**それを何に使いたいのか、どんな気分になるか、誰が幸せになり笑顔になるのかを想像すると、お金が入ってくる**ことがあります。

　先般の社長に「お金が必要な本当の理由は、何ですか」「それによって幸せにしたい人は誰ですか」と質問をしました。取引先も出てきましたが、奥様に心配をかけず、幸せに

一番大切な人に「今までありがとう」と 100万円が入った封筒を渡した時に、 どんな表情をするか イメージしてみてください。

して、笑顔を見たいのが本当の理由だとわかりました。そこで、「ありがとう」と伝えると笑顔で嬉し涙を流す奥様をぎゅっと抱きしめるシーンをイメージしてもらいました。

　この社長さんは素直にアドバイスに従い、その後、売り上げが驚くほど上がっていったのです。「ありがとう」と伝えたり、抱きしめることは、お金がなくてもやろうと思えば今できることですね。このように、ちょっとした幸せを想像した場合「いい1日だった」と感じる確率が高くなることがわかっています。

　引き寄せの究極のコツは「いい気分」でいることです。欲しいものを得た結果を超ポジティブに想像するよりも、実現した時のいい気分を味わい、今それをやってみましょう。

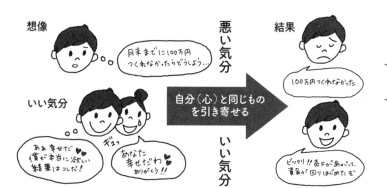

想像　悪い気分　結果

月末までに100万円 つくれなかったらどうしよう…

自分（心）と同じもの を引き寄せる

100万円つくれなかった

いい気分　いい気分

ああ 幸せだ♥♥ 僕が本当に欲しい 結果はコレだ！

ギュッ

あなた 幸せだわ♥ ありがとう！！

ビックリ!!売上があがって、 資金が回りはじめたぞ

108

今「ある」と思えない時の考え方

「お金が欲しい」と思う時は、お金が足りない時。「豊かになりたい」と思う時は豊かではない時。お金が有り余っている人がお金を欲しいとは思わないし、すでに豊かな人は「豊かになりたい」とは思いません。「ないから欲しいと思う」これは当たり前のように思えるかもしれません。「今、ないから、手に入れるために頑張る」という強い思いを原動力にして頑張っている人もたくさんいます。

しかし、「今、○○がない！」と感じていると「ない」を脳に指令していることになります。あなたの脳は注意を向けるものを見つけてくるので、**今、「ある」と思えないと、未来に「ある」状態を引き寄せることはできません。**

では、どう変えればいいかというと、「今ないから、望む」ではなく、「今、あるものに感謝して、さらによりよい未来を望む」という心にします。マイナスからプラスではなく、プラスをさらにプラスにするというイメージです。

232ページでご紹介した「お金で買えない財産」を数値化することを参考に実践してみてください。5000万円の借金、貯金はマイナス、実家を追い出され、現金は2円しかなくても「わが子の価値は国家予算以上の価値。3兆円の資産があるのと同じだ！」というふうに。八方塞がりの状態からでも、収入も心の豊かさも引き寄せることが可能です。

今、すでに「ある」豊かさを3つ書き出してみてください。
① (　　　　　　　　　　　　　　　　　　　　)
② (　　　　　　　　　　　　　　　　　　　　)
③ (　　　　　　　　　　　　　　　　　　　　)

　このように、今ある豊かさに意識を向けることから始めてください。**「豊か」になる唯一の方法は、今ある「豊かさ」に気づくことです。**気づくことができれば「ありがたいなあ。豊かだなあ」と自然に感じることができます。

　「豊かさ」はお金だけではありません。健康な体、自由な時間、安心して相談できる友人、何でもいいのです。普段は当たり前すぎて注意を向けていない、すでに「ある」たくさんの恵みや豊かさを探し出すことです。

　「今、豊か」だと感じること。それが、さらなる「豊かさ」を引き寄せます。**「ある」意識が「ある」現実を、「ない」意識は「ない」現実を創造する**のです。

豊かさ

.... ある「意識」........................

109

「お金がない」と
諦める必要はない

「お金がないから」と夢を諦めてしまったこと、ありませんか。欲しいものや、やりたいことがお金で買える場合、「いくら必要なのか？」という思考がほぼ自動的に出てきます。

一般的な思考は次のよう動きます。①「○○が欲しい」と思う。②必要な金額を調べる。③どうするか決める。

例えば、「高層マンションの最上階に住みたい→金額を調べてみると1億円→自分にはローンを組んでも無理な金額だから諦める」「ビジネスクラスでゆったりとパリに行きたい→高すぎて払えない→諦めてエコノミークラスにする」。

この思考と行動パターンのままでは、「高層マンションの最上階に住む」「ビジネスクラスでパリに行く」というあなたの夢は叶いません。

夢を叶える方法を、頭（顕在意識）で思いつくことができる場合は、その方法でやってください。しかし、**頭（顕在意識）で考えて「無理」だと思う時は、潜在意識の力を使う**のです。やり方は簡単です。それは「夢が叶って楽しんでいる様子、嬉しい気分や感謝の気分をありありとイメージする」ことです。

2人の体験談を紹介します。まゆみは、お金がない時代に海の見えるマンションに住みたくてバルコニーから見える景色をありありとイメージしました。しばらくして、夫の勤務

「お金がなくても夢を叶える方法」と、
3回声に出してみてください。

していた会社が急に株の店頭公開を行うことになり、少しずつ積み立てていた持株会のお金が7倍に。頭金ができて海の見えるマンションが手に入りました。

　ヒロミは、お世話をしている神社が台風被害を受けた時、改修に相当なお金が必要だったのですが、3日間、金額のことは一切考えずに神社がピカピカになっていることをイメージしました。すると、何が起こったと思いますか？　「借り入れしかない」とそれまで答えていた京都府の担当者が4日目に「補助金が出ます」と訪ねてきたのです。こうして神社の改修工事ができ、イメージした通りピカピカになったのです！

　株が店頭公開することや、補助金をもらえることなど、当時の私たちの頭（顕在意識）では、まったく予測できなかったことです。**潜在意識に任せると「想定外」の方法で叶うこと**がよくあるのです。

「今、お金がないから無理」という思考を手放して、「色々な方法で叶う可能性がある」という考え方を意図的に採用してください。

　あなたがそれを信じられるようになればなるほど、人生にはそのようなことが起こってきます。なぜなら、現実はあなたの信念に基づいて創られるからです。

豊かさ

239

110

○○がある生活

ちょっとした「○○」があるだけでなんとなく幸せを感じられたり、豊かさを感じられたり、ホッとできて心が満たされる。そんなあなたの○○は何でしょうか？　**○○があることであなたが発する波動が、豊かさを引き寄せます。**

私の「○○」に、カサブランカの花があります。香りが大好きなカサブランカが飾られていると、豊かでゆったりしていて心が満たされるようなイメージがします。そこで以前、「カサブランカがある生活」と、脳に指令を出したことがあります。

その後の展開はというと……。お手頃価格のユリを定期便で届けてくれるサービスを見つけました。そして今、家にはいつもユリが飾られています（カサブランカではないですが香りが似ています）。大好きな香りがするたびに、そしてユリが目に入るたびに、幸せで豊かな気持ちになれています。

豊かで幸せな人生を送っている自分をイメージしてみてください。その生活の中にある、ちょっとした小さなもの、あなたの心を豊かでハッピーにしてくれるものを思い浮かべてください。 そして○○に言葉を入れてみてください。「○○がある生活」。何が入りましたか？

私が今、望んでいるのは「朝陽と夕陽を楽しむ生活」。時間も心の豊かさもありそうだと思いませんか？

「○○がある生活」の○○に
言葉を入れてみましょう。

　ご紹介した例を参考に、あなたも「○○がある生活」と脳に指令を出してください。心が抵抗しないような、ちょっとした小さなものにすることがコツです。そうすれば○○そのものだけでなく、そこから連想できる豊かさや幸せな心も知らず知らずに「引き寄せ」られることになりますよ。

豊かさ

白いユリがあるリビングルーム

111

「想定外」の引き起こし方

　私は、大学の授業で「誰の中にも夢を叶える素晴らしい力がある」ことを色々な英語教材やワークを使って伝えています。講座を受講していたＹちゃんが自分の夢を英語で発表してから数週間経ったある日のこと。彼女は私のところに相談にきました。

「先生、私、実は留学したいという夢があるんです。でも、家の経済状態では無理なので諦めていたんですが……」

　そこで、「顕在意識では無理だと思っていることでも潜在意識を使えば実現は可能」であることをもう一度伝えました。「お金がないから無理」なのではなく他の方法が現れるかもしれないということ。Ｙちゃんが今できることは**「どうやって？」を考えることではなく、夢が叶ったところをありありとイメージして感情を味わい、潜在意識に「オーダー」する**こと。

　その日から、Ｙちゃんは留学したい大学のホームページを見て、自分がそこで楽しく勉強している姿をイメージすることを始めました。そして約１ヶ月くらい経ったある日。「先生、すごいことが起こりました！　先週、成人式で祖母がお祝いをくれたのですが、それがなんと１００万円だったんです！　信じられません！」と、興奮して報告しにきてくれました。もちろんＹちゃんはお祖母さんにそんなプレゼントを

「思いがけず、夢が叶ってしまった」
「うっかり、夢が叶ってしまった」
「忘れていたのに夢が叶ってしまった」
と声に出して言ってみてください。

もらえるなんてこれっぽっちも思っていませんでした。まさに「想定外」。

　この「想定外」こそが潜在意識のパワーです。「**奇跡**」というものは実はありません。ただ、**頭**（顕在意識）**で理解できる範囲を超えていることが起こっている**ということです。潜在意識を活用できるようになると「想定外」で夢が実現することが増えていきます。

豊かさ

243

ありがとう！
なんだろう？

成人、
おめでとう♥

お祝い

112

100万円メモ帳の面白活用法

慣れていないことをして「ドキドキする」時は、潜在意識が体の感覚を通じてメッセージを送ってくれています。「あなたらしくないですよ。普段のあなたではないですよ」ということを教えてくれるのです。

例えば、1万円を取引先に渡してきてくださいと頼まれてもドキドキしませんが、100万円の場合だとドキドキしませんか？

私は、初めて100万円を持ち運んだ時、ものすごくドキドキしました。取られないようにカバンの奥のほうに封筒をしまい、カバンを抱えるように緊張して歩いた記憶があります。きっと挙動不審で、大金を取られないように注意しているのが丸わかりで逆効果だったかも。

いつも大金を財布に入れているお金持ちなら、100万円を持ち歩いてもドキドキしません。それが「普通」だからです。「大金が"ある"のが当たり前」を努力なしに潜在意識に刷り込んでいく面白い方法を紹介します。

それは100万円メモ帳。100万円の束と同じ分厚さのメモ帳なのですが、ちょっと離れて見ると100万円の束に見えます。そのメモ帳を自分がいつも使っている銀行の封筒に1/3ほど見えるように入れて、何気なく目につくところに置いておくのです。

100万円メモ帳を買って、
いつも使っている銀行の封筒に入れ、
視界に入ってくるところに置いてみましょう。

　110ページで説明したプライミング効果を覚えていますか？　なんとなく視界に入る情報は潜在意識に植え付けられ、無意識の思考や行動に大きな影響を与えます。これをうまく使うのです。「大金が"ある"当たり前」を刷り込んでいくのです。実際にあった例では、私たちのセミナー受講生でこの実験をして、なんと宝くじで100万円当たった人がいます！

　遊び心でやってみてください。**お金に対するイメージが知らず知らず書き換わっていく**簡単な実験です。ただ、大きな期待はしないでくださいね。大金を見てもドキドキしなくなったら、大成功。潜在意識が書き換わった証拠です。

豊かさ

100万円メモ帳の置き方

113

壁紙を替えたら次々
いいことがやってきた

壁紙を替えたら次々
いいことがやってきた

応用編

こんな場面でこんなやり方

　毎日の生活で何気なく視界に入ってくる画像を変えるだけで、豊かさを簡単に手に入れることができます。32ページでお話ししたように、**五感から何気なく入ってくる情報に私たちの思考や行動は無意識に影響されています。特に視覚情報は五感情報の中で80％以上を占めていると言われています。**家の中で何気なく見ている一番面積が広いものは何だと思いますか？　それは……壁です。

　まゆみは長い間、石の壁に憧れていました。石で作られた壁はとても高級なイメージがあったからです。ある時、ヒロミから簡単に貼れる輸入壁紙のことを教えてもらい、そのお店に行ってみると、石の模様の壁紙があったのです。1メートルも離れると、本当の石のように見えました。ずっといいなと思っていた家のイメージぴったりだったので、その壁紙を購入し、リビングの壁の一面に貼りました。

　毎日毎日その壁紙が目に入るたびに脳は錯覚し、潜在意識に「豊かさ」がインストールされたのか、壁紙を替えたことをきっかけに、「豊かさ」が自然にやってくるようになりました。

　最初の共著『科学で解明！引き寄せ実験集』が出版され、翌年には長年の夢だった念願のリフォームに進んでいったのです。自宅はイメージしていた大好きな高級ホテルのような

好きな壁紙を検索してみましょう。

部屋に生まれ変わりました。その空間で過ごすことが潜在意識に「当たり前」として植え付けられたのでしょう。

ホテル宿泊では、スイートルームへのアップグレードや、無料宿泊をホテルがプレゼントしてくれる幸運に恵まれ続けています。潜在意識のデータが書き換わると、このように努力なしに色々なことが展開していきます。いつも何気なく見えているものを意識して変えてみてください。驚く変化が簡単に起こります。

豊かさ

石柄の壁紙

114

シンクロニシティを
味方につけよう

　ある講座に参加したら、淡路島在住の方が偶然、私の隣の席に座りました。その頃ちょうど、淡路との2拠点生活を始めたい友人がいて、「私がホテル予約するから、まずは淡路を回ってみようよ」という話になっていたので、隣の席に座った人に教えてもらったホテルに電話をしました。偶然、1部屋空いていたので予約し、到着してみるとそもそも2部屋しかないホテルでした。

　翌朝、もう1つの部屋に泊まっていた人と朝食が同じタイミングになりました。「朝食後に不動産の物件を見に行く」という会話が聞こえてきて私たちはびっくり！　「実は私も住むところを探しているんです！」と友人が思わず声をかけると、「じゃあ一緒に見に行きませんか？」と誘っていただき、行くことになりました。

　物件を見た後、お礼を言って別れ、私たちは島の反対側までドライブを楽しみ、行きたかったレストランでゆっくりと時間を過ごしていました。すると！　なんと、数時間前に別れたその女性が、偶然また現れたのです！　一緒に夕食を食べながら色々話をし、結局、私の友人はその女性と一緒の新幹線に乗って関東の自宅に帰ることになりました。

　それから1ヶ月もしないうちに、素敵な物件が見つかり、友人とその人と共同で借りることになったのです。

「シンクロ起こって当たり前」と
3回声に出して言ってみましょう。

　このように、一見「偶然」と思われるシンクロニシティに導かれて物事が展開することは、実はよくあることです。**自分**（顕在意識）**で考えられる範囲を超えるミラクルは実際に起こる**ということ、そして**人智を超える大きな何かが存在して導いてくれている**ことを、ぜひ、受け入れてください。あなた（顕在意識）が必死で努力する必要はないのです。**直感に従い、流れに逆らわず委ねていれば、物事はベストタイミングで自然にいい方向に動いていく**のです。

豊かさ

シンクロ起こって当たり前♪
シンクロ起こって当たり前♪
シンクロ起こって当たり前♪

115

支払いはさっさと済ませる

　好きで申し込んだ講座の代金などの支払い連絡が来た時に、すぐ支払う人、ギリギリに支払う人、払おうと思いながら忘れてしまい連絡が来てから支払う人、色々な人がいます。お金の支払い方にも無意識の思考癖を垣間見ることができます。

　私は以前、支払いをギリギリにしていました。年会費なども「昨年の会費が未払いです」という通知が来て、「あ！忘れてた……。またやってしまった！」と支払っていました。

　しかし、その深層心理には「払うと減る」「払いたくない」「お金がない」という欠乏の意識が潜んでいたのです。するべき支払いが未完了な状態とは、「支払いをしなければ……」という思考が頭の片隅にずっと残っているということです。これでは脳に「支払い」を指令し続けているようなもので、「支払い」をさらに引き寄せてしまうことになります。

　この長年の習慣が、どれだけ豊かさから遠ざけているかがわかってからは、できる範囲で、すぐ支払うように変えました。そうするとお金がどんどん循環するようになり、支払っても、また入ってくるようになったのです。以前はいやいやお金を手放していたのが、今は、喜びで手放せるようになりました。

　通貨のことを英語でcurrencyといいますが、元々は「流れるもの」という意味です。支払いをすぐにすることは自分か

申し込んだ講座の代金は
今すぐ、支払いを済ませましょう。

らお金というエネルギーの循環をいち早く起こすことです。
その支払い先にお金を回すことで、自分から豊かさの循環を
作ることができます。あなたが支払う時は、誰かが受け取っ
て豊かになる瞬間なのです。

「支払える自分の豊かさ」に感謝して支払ってください。そ
してあなたから発せられた豊かさのエネルギーが循環して何
倍にもなってあなたに戻ってくるのです。それをイメージし
て支払いをしてみてください。

豊かさ

さっさと支払っておこう♪

116

「使いきれないほどの
お金がある」と脳に思わせる
「宇宙銀行実験」

　幸せなお金持ちの思考とはどういうものだと思いますか？当然、「お金が欲しい」とは思っていませんよね。お金がたくさんあるのですから。

　幸せなお金持ちは、いつも「どうやってお金を喜びのために使おうか？」と考えています。それが自分のための買い物かもしれないし、家族旅行かもしれないし、優秀な若者に対しての投資、あるいは社会貢献するための寄付かもしれません。

　幸せなお金持ちの思考やイメージ、感情を「未来先取り」できると、現状はそのように変化していきます。ここでは、**「どうやってお金を使おうか？」という意識に書き換わる**面白い実験を1つお伝えします。

　それは「宇宙銀行実験」。宇宙にこれまで貯めていた預金が無限にあると想像してみてください。毎日、お金が振り込まれてしまうので使わないといけません。1日目は10万円、2日目は20万円、3日目は30万円、というように、使わないといけない金額が毎日10万円ずつ増えていきます。例えば、1日目。カバンと財布が欲しいとしましょう。合計で約10万円になるように、どこのブランドのどのデザインでどの色で値段がいくらのものを購入するのか、オンラインショップなどで実際に調べていくのです。

「宇宙銀行実験」で10万円を何に使うか
決めてみましょう。

　まゆみとヒロミはこの実験を友人と一緒にやってみました。Facebookグループを作り、宇宙銀行の預金から購入したアイテムと金額を毎日報告していきました。1ヶ月も経たないうちに、もう欲しいものがなくなってきて「お腹いっぱい」になってきます。そうすると家族や友人に旅行をプレゼントしたり、寄付先を見つけたり、という行動が始まります。

　こういう感覚が出てきたらしめたもの。「使いきれないほどお金がある」と脳を錯覚させることができると「お金を使う豊かな状態」に現状も自然にシフトしていきます。

　その後、2人に何が起こったかというと……、ひょんなことから海外のリゾートコンドミニアム宿泊権利を購入することになり、今は、宇宙預金ならぬ宿泊ポイントが毎年加算されて「使わないとポイントの期限が切れてしまう！」という状況になっています。

　まさに「使う意識」に書き換わったのです。この実験は実際にやってみるとわかりますが、楽しいだけではなくとても深い気づきがあります。ぜひ、友達と一緒に報告し合いながらやってみてください。

豊かさ

253

117

なぜ欲しいのか？
何が本当は欲しいのか？

　願望のトップ3に必ず入る、「お金」に関する夢をイメージする時のコツをお伝えします。

　大金を手にしているところをイメージすると、その1つ手前が叶う結果となります。つまり、お金が欲しいと望んでいる自分が実現するということになり、全然嬉しくありません。お金をすでに持っている人は、お金が欲しいと思わないはずですね。ですので、これと同じ状態に今なる必要があります。

　さて、お金をすでにたくさん持っているとしたら、あなたの状況はどうなるでしょうか？　まず不安が消えるでしょう。そしてお金のことで家族間や友人間、業者間で揉めていたとしたら、それも消えるでしょう。みんながニコニコしていますね。旅行にも行きたい時に行き、欲しいものも買って、最終的には 欲しいものも特になくなるでしょう。そして**本当に欲しいものが見えてくるはず。実は家族の笑顔が見たかったんだ、毎日の何気ない幸せが欲しかったんだ**と気づく段階がやってきます。

　「景色がいい豪邸に住んで犬を飼うのが夢」と語り、そのために睡眠時間を削って働いたせいか、体調を崩して亡くなってしまった友人がいます。彼女は亡くなる直前に、「主人と一緒にいる普通の毎日をもっと楽しめばよかった。それが幸せで、もうすでに幸せだったと気づいた」と語りました。

大切な人に「ありがとう!」と言ってもらっている 場面をイメージしてみましょう!

　あなたには、元気な時にぜひこのことに気づいていただきたいと願います。

　まず、いくら欲しいと金額を決めたら、なぜ欲しいのかを考えてみてください。何かを買いたいのなら、買ったものを使っている時に、どんな気持ちがするのかを想像してみてください。**あなたが本当に欲しいのはその気持ちです。欲しいものを手にした時に、あなたが感じる感情です。**

　会社の売り上げ目標を決めたなら、その売り上げで何人の人を幸せにできるかを考えてみてください。あなたが本当に望むべきもの、お客様の笑顔を想像してみてください。売り上げ目標を達成した時に、あなたが見る風景です。

　「欲しい」と思う1つ先にあるもの。これをイメージできると本当に「欲しい」と思っているものが引き寄せられます。

豊かさ

255

118

家のタオルを高級なものに替える

　五感で感じることを楽しめるのは、肉体に命を宿し、生きているからこそ。なのに結果を急ぐ気持ちが先走り、私たちはつい、今ここにあるものを感じきらないまま、駆け足で通り過ぎてしまいます。

　実は、引き寄せの効果を最大に発揮するには、「今ここ」にいることが大切。……もうおわかりですね。**音、目にするもの、香り、触感、味を、これまでよりも時間をかけてじっくり微細なところまで感じきることが、引き寄せのパワーを最大にしてくれます。**

　豊かさを五感で感じることができるシンプルな実践に、タオルを高級なものに替える方法があります。柄は統一されておらず、ゴワゴワした手触り、部屋干しした時のバクテリア臭がするかもしれないタオル。そんな家にあるタオルをすべて、高級ホテルの雰囲気がする、ふわふわのタオルに買い揃えて替えてみましょう。

　使う時のパフパフという音、高級ですっきりした見た目、いい香り、ふわふわした肌触り（うっかり口に入った時に、味を感じるかも）をしばらく喜んで感じ取ってみてください。数日すると過去のタオルのことなど忘れてしまい、高級感漂う新しいタオルが当たり前になります。この時点でプライミング効果が働き始め、豊かなことをあなたは引き寄せ始めます。

思いきって、家にあるタオルをすべて 揃えて交換してみましょう！

　日本では、亡くなった人に献杯やお供えをし、そのお酒やおさがりを私たちが食べることにより、亡くなった人が味わうことができると言われています。この考え方にならうと、**目に見えない存在たちは、五感を微細に感じている人を通してその感覚を体験できるため、「この人にもっと豊かな体験してもらいたい」と、豊かさにつながる助け舟を出してくれる**といったところでしょうか。

豊かさ

257

119

「ありがとう!」を先取りしてみる

「これが欲しい」という物事があったら、手に入るより先に、まず感謝すると、それが引き寄せられやすくなります。信じられないでしょうが、ありがとうを言い続けるだけで欲しい物事を手に入れた人が身近にたくさんいます。

ベストセラー作家になった人、大きなお屋敷をもらった人、ビジネスの不労所得ができて自由にやりたいことを楽しむ友人。感謝の気持ちを持つことで、自動車は買ったことがなくすべてもらっている夫妻……等々。

なぜ、こんなことが起こるのでしょうか。

例えば、欲しい金額の収入、家具や時計やバッグや宝石。夢だった職種に就職、大好きな人との結婚など、欲しかった物事が自分の努力で手に入ると、嬉しいですよね。それがもし、何の見返りも求めない裏心なしの友人や家族から、突然プレゼントされたらどう感じるでしょうか?「え? いいの!? 本当にありがとう!」と、感謝するのではないでしょうか。

「引き寄せ」は欲しい物事ではなく、あなたの周波数が、同じ周波数のものと共鳴して引き寄せ合う法則です。つまり、欲しいものを突然プレゼントされた時に感謝する気持ちを感じて、今「ありがとう!」と繰り返すことがポイント。すると、あなたは「ありがとう」の周波数と同じものを引き寄せ

今日、3人の人にありがとうと伝えてみましょう。

合います。その結果、欲しいものが手に入るしくみです。

　ここでは**「ありがとう」とひたすら言い続ける方法**をご紹介します。まず、まとまった時間を取り、「ありがとう」と口に出して1分間で何回言えるかを数えてメモしておきます。その上で開始時間を記録し、「ありがとう」を言い続けます。最初はそう思っていなくてもいいので、「ありがとう」と繰り返し声に出します。途中で悪口や愚痴を口にしたら0回に戻るルール。言い終えた時間から開始時間を引いて1分間に言えた数を掛け、「ありがとう」を言った回数としてください。

　人によりますが、ベストセラー作家になった方は1回の実践で、3万5千回を超えた頃から愛と感謝のエネルギーが胸のあたりから吹き出す感覚になり、涙が止まらず号泣したそう。その日から人生が大好転された体験は有名です。この感覚が得られるまで、実践してみる価値ありです。

120

お金と相思相愛になるための
潜在意識の書き換え方

お金が欲しいと思ったら、お金のことを好きになるだけでなく、お金から好かれることが大切です。恋愛と同じですね。**お金が喜ぶ使い方をすると、相思相愛になってハッピーエンドを迎えます。**

私の友人に、莫大な資産を築いたIT業界の社長たちを、彼らが起業したIT黎明期に支援した男性がいます。社長たちはその恩を忘れず、友人男性が社会貢献のために関わっている事業に投資したりしています。つまり、彼らと友人男性は相思相愛です。「僕は1億ポイント分、君のことを応援してます」と応援した友人に対して、「僕は3億ポイント分、あなたに感謝しています」といった感じで、彼らは、愛を循環させています。

例えば、「お金は汚いもの」「お金を持つと面倒なことになる」と思っているとすると、お金のことを嫌っていますよね。もし、そう思い込んでいるとしたら、この潜在意識を書き換えることが有効です。

お金についての悪い思い込みを、頭の中から引っ張り出して、紙に書き出してみましょう。書き出せたら、それを**「お金は人を幸せにできるもの」「お金を持つと、社会貢献ができる」**というふうに、よい思い込みに書き換えてみましょう。

次に、それを声に出して読み上げます。そして、これから

お金を使う時に、
「関わってくれたすべての人にありがとう!」と
心の中でつぶやいてみましょう!

お金を使うたびに、「商品を作った会社の人たち、その原料を作る人たち、流通させている人たち、販売している人たち、ありがとう! 商品と引き換えに、このお金で幸せになってくださいね」と心の中でつぶやいてみてください。

　日々お金を使うタイミングは何度かあります。これを続けると、潜在意識がやがて「お金は人を幸せにできるもの」「お金を持つと、社会貢献ができる」に書き換わり、相思相愛になって、スムーズにお金が循環するようになり始めます。

豊かさ

121

「貧乏は病気、豊かさは健康」の法則

お金が欲しいのに、お金から遠ざかる望まぬ思い込みが潜在意識に入っていると気づいたら、貧乏を「病気」と捉えてみるアイデアはどうでしょうか。潜在意識の「病気」を治療して健康になるイメージです。**貧乏を「病気」と捉えることに違和感を感じたら、貧乏が正しく美しいことでお金を持つことは悪だと捉えていないかを自問してみる**いい機会です。

もちろんお金がすべてではありませんし、目に見えない愛や友情のほうがずっと大切なのは当たり前です。しかし、お金を悪者扱いして敵対視するよりも、お金と相思相愛になったほうがいいのです。まずは「貧乏は病気」「豊かさは健康」と潜在意識を書き換えましょう。

もしも肉体が病気にかかったら、西洋医学でも東洋医学でも、治療をするのが普通です。治療をすると普通に戻り、そこから、健康に気をつけて、生活習慣を変えたりするはずです。同じように、「お金がなくて貧乏だ」と感じていたら、治療をしましょう。

まず、どこがどう悪いのか検査が必要です。受診して検査を受けて結果を見るのと同じように、**いつ・どこから・いくら入ってきて、いつ・どこへ・いくら使っているか、収支の表を作って把握します**。人間は、わからないものを不安に思い、ストレスを感じますので、**表にして可視化するだけで不**

「豊かさは健康」と声に出して
３回つぶやいてから眠りましょう。

安を軽減することができます。

　病状がわかれば、適切な治療方法がわかります。もしも家計が病気にかかっていたら、治療法を数多く検討して健康な豊かさに戻りましょう。

　健康体をキープするために、支出より収入を１万円でもいいから多くする習慣をつけることも大切ですね。

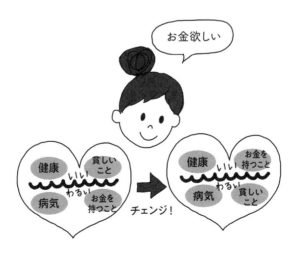

豊かさ

122

住みたい家を引き寄せる方法

　住みたい家がある時は、住宅展示場に行って空間の大きさや雰囲気を体感してみたり、本当に引っ越すつもりで間取り図に家具の配置を描き込んでみることをお勧めします。

　ある時、私は「このマンションに引っ越したい！」と思うマンションを見つけました。倍率20倍の人気で、電話がかかってきてから3日以内に入居の返事をしないといけません。まず「この部屋に引っ越したら、どこに家具を置こうか」と息子と相談して間取り図に描き入れました。

　最初に空きが出たと連絡があった時は、留守にしていて引っ越ししそびれました。2度目は子供がもうすぐ6年生になる頃で、転校せずに卒業させてあげたいと思い、見送りました。

　中学生から心機一転、新居で生活を始めたいと思い、実際にマンションまで行き、入り口ドアから入り、その地区での生活を感じてみました。しばらくすると、3度目の連絡があり引っ越すことになりました。

　実は、初回は西側の部屋、2度目は北側の部屋、3度目は南側の部屋で、入居したかったのは南側の部屋。まさに、間取り図に家具配置を描き入れていたタイプの部屋でした。

　別の例では、絵に描いてみた、心の中にある夢の新居と瓜二つの家を見つけて購入し、住んでいる友人もいます。

欲しい家具をネットで検索してみましょう。

　あなたもぜひ、**絵を描いたり、間取り図に家具配置を描き入れたり、実際にその場所に行って生活を体感してみてください**。その時の心の周波数が、それと一致する周波数の家を引き寄せ、本当に住みたい家への引っ越しが実現する例は、多いのです。

こうして幸せを
世界に広げていこう

あとがきに代えて

「つべこべ言わずに金が欲しいと言え。持った後で色々わかるから」。webラジオで日本のロックスターが自身の体験を話しているのを聞き、「的を射ていて、説得力があるなぁ」と感じたことがあります。彼は、何もないところから成り上がった、カリスマ的存在として有名です。

お金に限らず、「欲しいけれど、望んではいけない」と、我慢して人に与える人がいます。与えること自体は素晴らしく、はたから見れば「いい人」です。しかし、自身に不足感があったり不幸だと、望んではいないそちらを引き寄せてしまいます。まず自分が望んで、受け取って、今を楽しむことに意識を向けましょう。お金を持った後でわかることはたくさんありますが、その１つは**心から喜んで与えることができるようになる、**ということです。

「引き寄せ」のステップ１は、自分の欲しいこと（Have）、やりたいこと（Do）を満たして、幸せになることです。逆に「もっと欲しい」と、すでに持っているもの（Have）、やっていること（Do）をさらに欲しがることが、不足感を生んで不幸な人もいます。この場合は、与えることに意識を向けるのが、いいやり方だというのも後でわかることの１つ。

エモリー大学の研究によると、**他人に親切にすると、あたかも善行を与える側ではなく善行を受け取る側であるかのよ**

**本書の最初の項目に戻って2周目を始めましょう。
ステップ1がかなりできたと思える場合は、
ステップ2でやってみましょう。**

うに、**脳の快楽中枢と報酬中枢が活性化される**そうです。つまり、善行を受けた人、与えた人、双方の脳内のセロトニンの量が上昇して幸福感が増します。

「引き寄せ」のステップ2は、親切にした人や応援した人の満面の笑みや、「ありがとう！」とお礼を言ってくれる場面を想像して自分を満たし、いつもご機嫌で幸せな自分（Be）を手に入れることです。

ステップ3では、欲しいものが十分に与えられる「引き寄せの法則」を確信し、自由自在に使って、他人に与え続けること。すると、あなたが知らない第三者まで幸福が波及していきます。

マズローの「自己実現」の心理学をさらに発展させたウエイン・W・ダイアー心理学博士は、親切な行為を目撃した人まで、脳内でセロトニンの量が上昇し、幸福感や喜びが増す「親切観察効果」について紹介しています。また、スタンフォード大学のジャミール・ザキ氏の神経科学の一連の研究では、優しさは「伝染」し、優しさや寛大な行為を目にすると、それを広める可能性が高いことが判明しています。

遠慮なく望んで手に入れて幸せになる。「引き寄せ」を自在に使えるようになることが、**結局は、幸せの波及へとつながっていきます。**

あとがきに代えて

267

参考文献　　　　　*冒頭の数字は本文の項目番号です

1

Murphy, J. (1963). *The Power of Your Subconscious* Mind. Prentice Hall.

ジョセフ・マーフィー. (1968). *眠りながら成功する*. 産業能率大学出版部.

ジョー・ディスペンザ. (2021). *あなたはプラシーボ*. OEJ Books.

Biggs, M. (2009). Self-fulfilling prophecies. *The Oxford handbook of analytical sociology*, 294-314.

2

ティモシー・ウィルソン. (2005). *自分を知り、自分を変える*. 新曜社.

クリストファー・チャブリス＆ダニエル・シモンズ. (2014). *錯覚の科学*. 文藝春秋.

アラン・ピーズ. ＆バーバラ・ピーズ. (2017). *自動的に夢がかなっていくブレイン・プログラミング*. サンマーク出版.

濱田真由美. ＆山田ヒロミ. (2018). *科学で解明！引き寄せ実験集*. BABジャパン.

Cherry, E. C. (1953). Some experiments on the recognition of speech, with one and with two ears. *The Journal of the Acoustical Society of America, 25*(5), 975-979.

Dalton, P. & Fraenkel, N. (2012). Gorillas we have missed: Sustained inattentional deafness for dynamic events. *Cognition, 124*(3), 367-372.

Moray, N. (1959). Attention in dichotic listening: Affective cues and the influence of instructions. *The Quarterly Journal of Experimental Psychology, 11(1), 56-60.*

Simons, D. J. & Chabris, C. F. (1999). Gorillas in our midst: Sustained inattentional blindness for dynamic events. *Perception, 28*(9), 1059-1074.

3

レナード・ムロディナウ. (2013). *しらずしらず*. ダイヤモンド社.

Myers, D. G. & DeWall, C. N. (2018). *Psychology.* Worth Publishers.

Thompson, J. (2013). *Subconscious Mind Power: How to Use the Hidden Power of Your Subconscious Mind.* Prosperity Plus, Inc.

ジョセフ・マーフィー. (1968). *眠りながら成功する*. 産業能率大学出版部.

4

Eagleman, D. (2017). *The Brain: The Story of You.* Vintage Books.

5

Conner, T. & Barrett, L. F. (2005). Implicit self-attitudes predict spontaneous affect in daily life. *Emotion, 5*(4), 476–488.

Olson, M. A. & Fazio, R. H. (2002). Implicit acquisition and manifestation of classically conditioned attitudes, *Social Cognition, 20*, 89–104.

Rudman, L. A. (2004). Sources of implicit attitudes. *Current Directions in Psychological Science, 13*(2), 79–82.

6

ブルース・リプトン . & スティーブ・ベヘアーマン . (2014). *思考のパワー* . ダイヤモンド社

7　　2と同じ

8

前野隆司 . (2013). *幸せのメカニズム 実践・幸福学入門* . 講談社現代新書 .

Polak, E. L. & McCullough, M. E. (2006). Is gratitude an alternative to materialism? *Journal of Happiness Studies, 7*(3), 343–360.

9

Daniel J. Siegel MD. (2013). *Brainstorm: The Power and Purpose of the Teenage Brain.* Jeremy P. Tarcher.

10

ティモシー・ウィルソン . (2005). *自分を知り、自分を変える* . 新曜社 .

レナード・ムロディナウ . (2013). *しらずしらず* . ダイヤモンド社 .

North, A. C., Hargreaves, D. J. & McKendrick, J. (1997). In-store music affects product choice. *Nature, 390*(6656), 132–132.

Bargh, J. A., Chen, M. & Burrows, L. (1996). Automaticity of Social Behavior: Direct effects of trait construct and stereotype activation on action. *Journal of Personality and Social Psychology, 71*(2), 230–244.

Bargh, J. A., Gollwitzer, P. M., Lee-Chai, A., Barndollar, K. & Trötschel, R. (2001). The automated will: Nonconscious activation and pursuit of behavioral goals. *Journal of Personality and Social Psychology, 81*(6), 1014–1027.

Shantz, A. & Latham, G. P. (2009). An exploratory field experiment of the effect of subconscious and conscious goals on employee performance. *Organizational Behavior and Human Decision Processes, 109*(1), 9–17.

11

ポール・D・マクリーン . (2018). *三つの脳の進化 新装版* . 工作舎 .

Murakami, F., Shimomura, T., Kotani, K., Ikawa, S., Nanba, E. & Adachi, K. (1999). Anxiety traits associated with a polymorphism in the serotonin transporter gene regulatory region in the Japanese. *Journal of Human Genetics, 44*(1), 15–17.

12　9と同じ

13

アラン・ピーズ. &バーバラ・ピーズ. (2017). 自動的に夢がかなっていくブレイン・プログラミング. サンマーク出版.

ティモシー・ウィルソン. (2005). 自分を知り、自分を変える. 新曜社.

Wegner, D. M., Schneider, D. J., Carter, S. R. & White, T. L. (1987). Paradoxical effects of thought suppression. *Journal of Personality and Social Psychology, 53*(1), 5–13.

木村晴. (2003). 思考抑制の影響とメンタルコントロール方略. *Japanese Psychological Review, 46*(4), 584–596.

木村晴. (2004). 望まない思考の抑制と代替思考の効果. 教育心理学研究, *52* (2), 115–126.

木村晴. (2005). 抑制スタイルが抑制の逆説的効果の生起に及ぼす影響. 教育心理学研究, *53*(2), 230–240.

14

ジョセフ・マーフィー. (1968). *眠りながら成功する*. 産業能率大学出版部.

アラン・ピーズ. &バーバラ・ピーズ. (2017). 自動的に夢がかなっていくブレイン・プログラミング. サンマーク出版.

15

エミール・クーエ. (2009). *暗示で心と体を癒しなさい!* かんき出版.

C.H.ブルックス, エミール・クーエ. (2023). *自己暗示〈新版〉*. 法政大学出版局

16　13,14と同じ

17

Ackerman, C. E. (2020). Self-fulfilling prophecy in psychology: 10 examples and definition. *Positive Psychology*.

Ash, M. K. (1996). *Mary Kay, you can have it all: Lifetime wisdom from America's foremost woman entrepreneur*. Prima Lifestyles.

Biggs, M. (2009). Self-fulfilling prophecies. *The Oxford handbook of analytical sociology*, 294-314.

18

Kendra Cherry. (2022). *How we use selective attention to filter information and focus*. Verywell Mind.

Dijkstra, N. & Fleming, S. M. (2023). Subjective signal strength distinguishes reality from imagination. *Nature Communications, 14*(1).

19

ディーパック・チョプラ. (2007). *富と成功をもたらす7つの法則*. 大和出版.

村松大輔. (2021). すべてが用意されているゼロポイントフィールドにつながる生き方. 徳間書店.

20

Matthews, G. (2015). The effectiveness of four coaching techniques in enhancing goal achievement: Writing goals, formulating action steps, making a commitment, and accountability. Paper presented at the 9th Annual International Conference on Psychology, Athens, Greece.

Levitin, D. (2014). *The organized mind: Thinking straight in the age of information overload.* Dutton.

21

Levitin, D. (2014). *The organized mind: Thinking straight in the age of information overload.* Dutton.

ティモシー・ウィルソン. (2005). 自分を知り、自分を変える. 新曜社.

22

Henriksen, D., Richardson, C. & Shack, K. (2020). Mindfulness and creativity: Implications for thinking and learning. *Thinking Skills and Creativity, 37,* 100689.

Lebuda, I., Zabelina, D. L. & Karwowski, M. (2016). Mind full of ideas: A meta-analysis of the mindfulness–creativity link. *Personality and Individual Differences, 93,* 22–26.

Bem, D. J. (2011). Feeling the future: Experimental evidence for anomalous retroactive influences on cognition and affect. *Journal of Personality and Social Psychology, 100*(3), 407–425.

23

マルコム・グラッドウェル. (2006). 第1感「最初の2秒」の「なんとなく」が正しい. 光文社.

Sadler-Smith, E. & Shefy, E. (2004). The intuitive executive: understanding and applying 'gut feel' in decision-making. *Academy of Management Perspectives, 18*(4), 76–91.

24

アラン・ピーズ. &バーバラ・ピーズ. (2017). 自動的に夢がかなっていくブレイン・プログラミング. サンマーク出版.

ティモシー・ウィルソン. (2005). 自分を知り、自分を変える. 新曜社.

Sadler-Smith, E. & Shefy, E. (2004). The intuitive executive: understanding and applying 'gut feel' in decision-making. *Academy of Management Perspectives, 18*(4), 76–91.

25

Whitehead, R., Bates, G. & Elphinstone, B. (2019). Growing by letting go: Nonattachment and mindfulness as qualities of avanced psychological development. *Journal of Adult Development, 27*(1), 12–22.

Beitel, M., Bogus, S., Hutz, A., Green, D., Cecero, J. J. & Barry, D. T. (2014). Stillness and motion: An empirical investigation of mindfulness and self-actualization. *Person-Centered & Experiential Psychotherapies, 13*(3), 187–202.

Finucane, A. M. (2011). The effect of fear and anger on selective attention. *Emotion, 11*(4), 970–974.

濱田真由美. &山田ヒロミ. (2018). *科学で解明！引き寄せ実験集*. BABジャパン.

村松大輔(2018).『自分発振』で願いをかなえる方法. サンマーク出版.

26

濱田真由美. &山田ヒロミ. (2018). *科学で解明！引き寄せ実験集*. BABジャパン.

27

Jung, C. G. & Hinkle, B. M. (2012). *Psychology of the unconscious*. General Books LLC.

28

濱田真由美. (2018). 大学英語授業における「宝地図」活用法に関する研究(2). *流通科学大学論集―人間・社会・自然編30* (2), 45-64.

望月俊孝.(2022).今すぐ夢がみつかり、叶う「宝地図」完全版. 主婦と生活社.

Finucane, A. M. (2011). The effect of fear and anger on selective attention. *Emotion, 11*(4), 970–974.

29

Whitehead, R., Bates, G. & Elphinstone, B. (2019). Growing by letting go: Nonattachment and mindfulness as qualities of avanced psychological development. *Journal of Adult Development, 27*(1), 12–22.

30

マルコム・グラッドウェル. (2006). *第1感「最初の2秒」の「なんとなく」が正しい*. 光文社.

Sadler-Smith, E. & Shefy, E. (2004). The intuitive executive: understanding and applying 'gut feel' in decision-making. *Academy of Management Perspectives, 18*(4), 76–91.

Sadler-Smith, E. (2010). *The intuitive mind: Profiting from the power of your sixth sense*. Wiley.

Bem, D. J. (2011). Feeling the future: Experimental evidence for anomalous retroactive influences on cognition and affect. *Journal of Personality and Social Psychology, 100*(3), 407–425.

31　30と同じ

32

Bechara, A., Damasio, H., Tranel, D. & Damasio, A. R. (1997). Deciding advantageously before knowing the advantageous strategy. *Science, 275*(5304), 1293–1295.

33　30と同じ

34　30と同じ

35

Barrett, D. (1993). The "committee of sleep": A study of dream incubation for problem solving. *Dreaming, 3*(2), 115–122.

Barrett, D. (2013). Answers while you sleep. *Scientific American, 23*(1s), 58–65.

Cai, D. J., Mednick, S. A., Harrison, E. M., Kanady, J. C. & Mednick, S. C. (2009). REM, not incubation, improves creativity by priming associative networks. *Proceedings of the National Academy of Sciences, 106*(25), 10130–10134.

Tsai, C.-J., Nagata, T., Liu, C.-Y., Suganuma, T., Kanda, T., Miyazaki, T., Liu, K., Saitoh, T., Nagase, H., Lazarus, M., Vogt, K. E., Yanagisawa, M. & Hayashi, Y. (2021). Cerebral capillary blood flow upsurge during REM sleep is mediated by A2A receptors. *Cell Reports, 36*(7), 109558.

Priya, Sureka, S. & Jain, Dr. D. (2021). The potentials of Subconscious Mind. *International Journal of Scientific Research in Science, Engineering and Technology, 8*(1), 44–52.

36

アーヴィン・ラズロ. (2005). 叡知の海・宇宙: 物質・生命・意識の統合理論をもとめて. 日本教文社.

村松大輔. (2021). 時間と空間を操る「量子力学的」習慣術. サンマーク出版.

田坂広志. (2019). 運気を磨く 心を浄化する三つの技法. 光文社新書.

37

Sahli, H., Selmi, O., Zghibi, M., Hill, L., Rosemann, T., Knechtle, B. & Clemente, F. M. (2020). Effect of the verbal encouragement on psychophysiological and affective responses during small-sided games. *International Journal of Environmental Research and Public Health, 17*(23), 8884.

What are thoughts & emotions?. Taking Charge of Your Health & Wellbeing. (n.d.).

38

漁田武雄. & 漁田俊子. (1994). 口頭リハーサルにおける反復が自由再生に及ぼす効果. *心理学研究, 65*(4), 278–285.

Morin, A., & Uttl, B. (2013). *Inner speech: A window into consciousness.* https://doi.org/10.12744/tnpt.14.04.2013.01

39

Shantz, A. & Latham, G. P. (2009). An exploratory field experiment of the effect of subconscious and conscious goals on employee performance. *Organizational Behavior and Human Decision Processes, 109*(1), 9–17.

Bargh, J. A., Gollwitzer, P. M., Lee-Chai, A., Barndollar, K. & Trötschel, R. (2001). The automated will: Nonconscious activation and pursuit of behavioral goals. *Journal of Personality and Social Psychology, 81*(6), 1014–1027.

40 24 と同じ

41 24 と同じ

42

マックス・ロックウェル. (2020). *アルファ波 脳の仕組みを使って人生を変える.* EN publishing.

鈴木光太郎. (2022). *新版 意識と感覚の脳科学.* 日経サイエンス.

ドーソン・チャーチ. (2019). *思考が物質に変わる時.* ダイヤモンド社.

Barrett, D. (2013). Answers while you sleep. *Scientific American, 23*(1s), 58–65.

43

Kappes, A., Oettingen, G. & Pak, H. (2012). Mental contrasting and the self-regulation of responding to negative feedback. *Personality and Social Psychology Bulletin, 38*(7), 845–857.

山田ヒロミ. & 濱田真由美. (2021). *未来先取り日記.* 大和出版.

44

Pearson, J. (2019). The human imagination: The cognitive neuroscience of visual mental imagery. *Nature Reviews Neuroscience, 20*(10), 624–634.

Dijkstra, N., & Fleming, S. M. (2023). Subjective signal strength distinguishes reality from imagination. *Nature Communications, 14*(1), 1-11.

45

Paivio, A. (1986). *Mental representations: A dual coding approach.* Oxford Univ. Pr.

46

Killingsworth, M. A. & Gilbert, D. T. (2010). A wandering mind is an unhappy mind. *Science, 330*(6006), 932–932.

Lutz, A., Slagter, H. A., Dunne, J. D. & Davidson, R. J. (2008). Attention regulation and monitoring in meditation. *Trends in Cognitive Sciences, 12*(4), 163–169.

47

Shantz, A. & Latham, G. P. (2009). An exploratory field experiment of the effect of subconscious and conscious goals on employee performance. *Organizational Behavior and Human Decision Processes, 109*(1), 9–17.

Bargh, J. A., Gollwitzer, P. M., Lee-Chai, A., Barndollar, K. & Trötschel, R. (2001). The automated will: Nonconscious activation and pursuit of behavioral goals. *Journal of Personality and Social Psychology, 81*(6), 1014–1027.

48

河野貴美子 . & 中村泰治 . (2006). 祈りによるヒーリングの科学的検討 . 国際生命情報科学会誌 , *24*(2), 402–405.

ドーソン・チャーチ . (2019). *思考が物質に変わる時 .* ダイヤモンド社 .

49

山田ヒロミ . & 濱田真由美 . (2021). *未来先取り日記 .* 大和出版 .

山田ヒロミ . (2020). *宇宙とつながる " お部屋の魔法 " 生まれ変わったみたいに人生にいいことがいっぱい起こる本 .* 大和出版 .

山田ヒロミ . (2022). *片づけ大全 .* 光文社 .

50

大村恵昭 . (2009). *O- リングテスト入門 .* 河出書房新社 .

Shinnick, P.K. (1996). An introduction to the basic technique and theory of Omura's bi-digital O-ring test. *American Journal of Acupuncture 24*(2), 195-204.

Jensen, A. M., Stevens, R. J. & Burls, A. J. (2016). Estimating the accuracy of mmuscle response testing: Two randomised-order blinded studies. *BMC Complementary and Alternative Medicine, 16*(1).

51

Kendra Cherry. (2022). *The Recency Effect Influence Memory?.* Verywell Mind.

Recency effect (definition + examples): Memory. Practical Psychology. (2022, February 28).

52　35と同じ

53

Heather, S. (2007). What is sound healing? *WHOLISTIC HEALTH PUBLICAATIONS, 7*(3). https://www.researchgate.net/publication/228550675_WHAT_IS_SOUND_HEALING

ドーソン・チャーチ. (2019). *思考が物質に変わる時.* ダイヤモンド社.

54　47と同じ

55　47と同じ

56

Dijkstra, N. & Fleming, S. M. (2023). Subjective signal strength distinguishes reality from imagination. *Nature Communications, 14*(1).

アラン・ピーズ. ＆バーバラ・ピーズ. (2017). *自動的に夢がかなっていくブレイン・プログラミング.* サンマーク出版.

Matthews, G. (2015). The effectiveness of four coaching techniques in enhancing goal achievement: Writing goals, formulating action steps, making a commitment, and accountability. Paper presented at the 9th Annual International Conference on Psychology, Athens, Greece.

Levitin, D. (2014). *The organized mind: Thinking straight in the age of information overload.* Dutton.

57

ソニア・リュボミアスキー. (2012). *幸せがずっと続く12の行動習慣.* 日本実業出版社

Hamada, M. (2020). Exercises to boost self-esteem and self-realization. *JALT Postconference Publication, 2019*(1), 304.

うちだたつお. (2014). *ありがとうカウンター.* SEIKO出版.

アラン・ピーズ. ＆バーバラ・ピーズ. (2017). *自動的に夢がかなっていくブレイン・プログラミング.* サンマーク出版.

ティモシー・ウィルソン. (2005). *自分を知り、自分を変える.* 新曜社.

58

アラン・ピーズ. ＆バーバラ・ピーズ. (2017). *自動的に夢がかなっていくブレイン・プログラミング.* サンマーク出版.

59

松下幸之助. (1968). *道をひらく.*PHP研究所.

60

Jack, A. I., Passarelli, A. M. & Boyatzis, R. E. (2023). When fixing problems kills personal development: fMRI reveals conflict between real and Ideal Selves. *Frontiers in Human Neuroscience, 17.*

61

アラン・ピーズ. &バーバラ・ピーズ. (2017). *自動的に夢がかなっていくブレイン・プログラミング*. リンマーク出版.

ティモシー・ウィルソン. (2005). *自分を知り、自分を変える*. 新曜社.

SPM, P. & Seethalakshmi. (2021). Cognitive reframing-"mind trick"-change your thoughts-change your world-to keep you going. *International Journal of Advanced Psychiatric Nursing, 3*(1), 01–03.

Sharma, A., Rushton, K., Lin, I., Wadden, D., Lucas, K., Miner, A., Nguyen, T. & Althoff, T. (2023). Cognitive reframing of negative thoughts through human-language model interaction. Proceedings of the 61st Annual Meeting of the Association for Computational Linguistics (Volume 1: Long Papers).

62

アルフレッド・アドラー. (2021). *人生の意味の心理学〈新装版〉*. アルテ

63 62と同じ

64

Hume, D., Selby, B. L. A. & NIDDITCH, P. H. (1975). *Enquiries concerning human understanding and concerning the principles of morals. reprinted from the posthumous edition of 1777 and edited with introduction, comparative table of contents, and analytical index by L.A. Selby-Bigge. 3rd ed. with text revised and notes by P.H. Nidditch.* Clarendon Press.

65

ドーソン・チャーチ. (2019). *思考が物質に変わる時*. ダイヤモンド社.

Jung, C. G. & Hinkle, B. M. (2012). *Psychology of the unconscious.* General Books LLC.

66 17と同じ
67 43と同じ
68 2と同じ
69 2と同じ
70 14, 15, 16と同じ
71 30と同じ

参考文献

277

72

松葉博雄. (2008). 経営理念の浸透が顧客と従業員の満足へ及ぼす効果. *経営行動科学, 21*(2), 89–103.

73

アルバート・エリス. (2000). *性格は変えられない、それでも人生は変えられる*. ダイヤモンド社

フレデリック・パールズ S. (1990). *ゲシュタルト療法*. ナカニシヤ出版.

74

Milgram, S. (1963). Behavioral study of obedience. *The Journal of Abnormal and Social Psychology, 67*(4), 371–378.

Shantz, A. & Latham, G. P. (2009). An exploratory field experiment of the effect of subconscious and conscious goals on employee performance. *Organizational Behavior and Human Decision Processes, 109*(1), 9–17.

75

五百井俊宏ほか. (2002). プロジェクトマネジメント成熟度モデル(PMMM)における5W1H. *プロジェクトマネジメント学会誌, 4*(4), 27–31.

Shantz, A. & Latham, G. P. (2009). An exploratory field experiment of the effect of subconscious and conscious goals on employee performance. *Organizational Behavior and Human Decision Processes, 109*(1), 9–17.

76

石淵順也. (2003). 買物行動と感情. *マーケティングジャーナル, 22*(4), 109–116.

McCraty, R. (2003). The energetic heart: Biolectromagnetic interactions within and between people. *The Neuropsychotherapist, 6*(1), 22–43.

77

山田ヒロミ. (2023). お金の先にある大切なものを目的にするワーク. *ルームセラピー*.

78

宮崎駿監督., モンキー・パンチ原作. (2014). *ルパン三世 カリオストロの城 (Blu-ray)*. ウォルト・ディズニー・スタジオ・ジャパン.

Hershfield, H. E. (2011). Future self-continuity: How conceptions of the future self transform intertemporal choice. *Annals of the New York Academy of Sciences, 1235*(1), 30–43.

79

Yun, J.-Y., Shim, G. & Jeong, B. (2019). Verbal abuse related to self-esteem damage and unjust blame harms mental health and social interaction in college population. *Scientific Reports, 9*

Biggs, M. (2009). Self-fulfilling prophecies. *The Oxford handbook of analytical sociology,* 294-314.

80

カール. R. ロジャーズ. (1967). *パースナリティ理論 ロージャズ全集 (Vol. 8).* 岩崎学術出版社.

ノール R. ロジャーズ. (2005). *クライアント中心療法 (ロジャーズ主要著作集) (Vol. 2).* 岩崎学術出版社.

ティモシー・ウィルソン. (2005). 自分を知り、自分を変える. 新曜社.

81

カール. R. ロジャーズ. (1967). *パースナリティ理論 ロージャズ全集 (Vol. 8).* 岩崎学術出版社.

カール R. ロジャーズ. (2005). *クライアント中心療法 (ロジャーズ主要著作集) (Vol. 2).* 岩崎学術出版社.

82　37と同じ

83

Yao, W. X., Ranganathan, V. K., Allexandre, D., Siemionow, V. & Yue, G. H. (2013). Kinesthetic imagery training of forceful muscle contractions increases brain signal and muscle strength. *Frontiers in Human Neuroscience, 7.*

Munroe-Chandler, K. J. & Guerrero, M. D. (2017). Psychological imagery in sport and performance. *Oxford Research Encyclopedia of Psychology.*

Callow, N., Roberts, R., Hardy, L., Jiang, D. & Edwards, M. G. (2013). Performance improvements from imagery: Evidence that internal visual imagery is superior to external visual imagery for slalom performance. *Frontiers in Human Neuroscience, 7.*

84

YouTube. (2018, April 30). *Bully a plant: Say no to bullying.* YouTube. https://www.youtube.com/watch?v=Yx6UgfQreYY

Yun, J.-Y., Shim, G. & Jeong, B. (2019). Verbal abuse related to self-esteem damage and unjust blame harms mental health and social interaction in college population. *Scientific Reports, 9*

Biggs, M. (2009). Self-fulfilling prophecies. *The Oxford handbook of analytical sociology,* 294-314.

85

Fowler, J. H. & Christakis, N. A. (2008). Dynamic spread of happiness in a large social network: Longitudinal analysis over 20 years in the Framingham Heart Study. *BMJ, 337*(dec04 2).

Samson, A. C. & Gross, J. J. (2012). Humour as emotion regulation: The differential consequences of negative versus positive humour. *Cognition and Emotion, 26*(2), 375–384.

86 2と同じ

87 2と同じ

88

Shantz, A. & Latham, G. P. (2009). An exploratory field experiment of the effect of subconscious and conscious goals on employee performance. *Organizational Behavior and Human Decision Processes, 109*(1), 9–17.

山田ヒロミ. (2020). 宇宙とつながる"お部屋の魔法" 生まれ変わったみたいに人生にいいことがいっぱい起こる本. 大和出版.

89

山田ヒロミ. (2020). 宇宙とつながる"お部屋の魔法" 生まれ変わったみたいに人生にいいことがいっぱい起こる本. 大和出版.

90

J. マーフィー. (1999). マーフィー 眠りながら巨富を得る(知的生きかた文庫). 三笠書房.

McCraty, R. (2003). The energetic heart: Biolectromagnetic interactions within and between people. *The Neuropsychotherapist, 6*(1), 22–43.

91

Hawking, S. W. & Hertog, T. (2018). A smooth exit from eternal inflation? *Journal of High Energy Physics, 2018*

92

Ellis, A. (1991). The revised ABC's of rational-emotive therapy (RET). *Journal of Rational-Emotive and Cognitive-Behavior Therapy, 9*(3), 139-172.

93 ★

Gadbois, L. (2018). DNA - the phantom effect, quantum hologram and the etheric body. *MOJ Proteomics & Bioinformatics, 7*(1).

Shlobin, N. A., Aru, J., Vicente, R., & Zemmar, A. (2023). What happens in the brain when we die? deciphering the neurophysiology of the final moments in life. *Frontiers*

94

Vollert, J., Cook, N. R., Kaptchuk, T. J., Sehra, S. T., Tobias, D. K. & Hall, K. T. (2020). Assessment of placebo response in objective and subjective outcome measures in rheumatoid arthritis clinical trials. *JAMA Network Open, 3*(9).

Lidstone, S. C. & Stoessl, A. J. (2007). Understanding the placebo effect: Contributions from neuroimaging. *Molecular Imaging and Biology, 9,* 258.

カリン・イエンセン. (2023). *予測脳.* 日経BP

95

Crum, A. J. & Langer, E. J. (2007). Mind-set matters : Exercise and the placebo effect. *Psychological Science, 18*(2), 165–171.

Ashar, Y. K., Chang, L. J. & Wager, T. D. (2017). Brain mechanisms of the placebo effect: An affective appraisal account. *Annual Review of Clinical Psychology, 13*, 73–98.

Price, D. D., Finniss, D. G. & Benedetti, F. (2008). A comprehensive review of the placebo effect: Recent advances and current thought. *Annual Review of Psychology, 59*, 565–590.

96

Ulrich, M., Keller, J. & Grön, G. (2015). Neural signatures of experimentally induced flow experiences identified in a typical fmri block design with bold imaging. *Social Cognitive and Affective Neuroscience, 11*(3), 496–507.

Aftanas, L. I. & Golocheikine, S. A. (2001). Human anterior and frontal midline theta and lower alpha reflect emotionally positive state and internalized attention: High-resolution EEG investigation of meditation. *Neuroscience Letters, 310*(1), 57–60.

Jacobs, T. L., Epel, E. S., Lin, J., Blackburn, E. H., Wolkowitz, O. M., Bridwell, D. A., Zanesco, A. P., Aichele, S. R., Sahdra, B. K., MacLean, K. A., King, B. G., Shaver, P. R., Rosenberg, E. L., Ferrer, E., Wallace, B. A. & Saron, C. D. (2011). Intensive meditation training, immune cell telomerase activity, and psychological mediators. *Psychoneuroendocrinology, 36*(5), 664–681.

スティーヴン・コトラー.&ジェイミー・ウィール. (2018). *ZONE.* 大和書房.
ドーソン・チャーチ. (2019). *思考が物質に変わる時.* ダイヤモンド社.

97

Kam-Hansen, S., Jakubowski, M., Kelley, J. M., Kirsch, I., Hoaglin, D. C., Kaptchuk, T. J. & Burstein, R. (2014). Altered placebo and drug labeling changes the outcome of episodic migraine attacks. *Science Translational Medicine, 6*(218).

Ashar, Y. K., Chang, L. J. & Wager, T. D. (2017). Brain mechanisms of the placebo effect: An affective appraisal account. *Annual Review of Clinical Psychology, 13*, 73–98.

98

Shackell, E.M. & Standing, L.G. (2007). Mind over matter: Mental training increases physical strength, *North American Journal of Personality and Social Psychology, 9*(1), 189-200.

Ranganathan, V.K., Siemionow, V., Liu, J.Z., Sahgal, V., & Yue, G.H. (2004). From mental power to muscle power – gaining strength by using the mind, *Neuropsychologia, 42* (7), 944-956.

99

Linden, C. A., Uhley, J. E., Smith, D. & Bush, M. A. (1989). The effects of mental practice on walking balance in an elderly population. *Occupational Therapy Journal of Research, 9*(3), 155–169.

Grouios, G., Semoglou K., Mousikou K., Chatzinikolaou, K., Kabigtsis, C. (1997). The effect of a simulated mental practice technique on free throw shooting accuracy of highly skilled basketball players. *Journal of Human Movement Studies, 33*(3):119-138

100

平岩正太郎., 坂野裕洋., 尾藤伸哉. & 戸澤望. (2017)メンタルプラクティスの介入頻度の違いが持続効果に与える影響に関する検討. *理学療法学 Supplement Vol.44 Suppl. No.2 (第52回日本理学療法学術大会 抄録集.*

Williams, S. E., Cooley, S. J. & Cumming, J. (2013). Layered stimulus response training improves motor imagery ability and movement execution. *Journal of Sport and Exercise Psychology, 35*(1), 60–71.

Schuster, C., Hilfiker, R., Amft, O., Scheidhauer, A., Andrews, B., Butler, J., Kischka, U. & Ettlin, T. (2011). Best practice for motor imagery: A systematic literature review on motor imagery training elements in five different disciplines. *BMC Medicine, 9*(1).

101

Fawzy, F. I., Fawzy, N. W., Hyun, C. S., Elashoff, R., Guthrie, D., Fahey, J. L. & Morton, D. L. (1993). Malignant melanoma. Effects of an early structured psychiatric intervention, coping, and affective state on recurrence and survival 6 years later. *Archives of general psychiatry, 50*(9), 681–689.

Hoffman, H. G., Chambers, G. T., Meyer, W. J., Arceneaux, L. L., Russell, W. J., Seibel, E. J., Richards, T. L., Sharar, S. R. & Patterson, D. R.

(2011). Virtual reality as an adjunctive non-pharmacologic analgesic for acute burn pain during medical procedures. *Annals of Behavioral Medicine, 41*(2), 183–191.

102 98, 101と同じ

103

ロンダ・バーン. (2008). ザ・シークレット *(DVD)*. TS PRODUCTION LLC.

ロンダ・バーン. (2007). ザ・シークレット. 角川書店.

Hamilton, D. R. (2018). *How your mind can heal your body*. Hay House.

104

ハンス・セリエ. (1997). 生命とストレス. 工作舎.

ロンダ・バーン. (2008). ザ・シークレット *(DVD)*. TS PRODUCTION LLC.

ロンダ・バーン. (2007). ザ・シークレット. 角川書店.

105 2と同じ

106

ティモシー・ウィルソン. (2005). 自分を知り、自分を変える. 新曜社.

クリストファー・チャブリス&ダニエル・シモンズ. (2014). 錯覚の科学. 文藝春秋.

アラン・ピーズ. &バーバラ・ピーズ. (2017). 自動的に夢がかなっていくブレイン・プログラミング. サンマーク出版.

濱田真由美. &山田ヒロミ. (2018). 科学で解明！引き寄せ実験集. BABジャパン.

Cherry, E. C. (1953). Some experiments on the recognition of speech, with one and with two ears. *The Journal of the Acoustical Society of America, 25*(5), 975-979.

Dalton, P. & Fraenkel, N. (2012). Gorillas we have missed: Sustained inattentional deafness for dynamic events. *Cognition, 124*(3), 367-372.

Moray, N. (1959). Attention in dichotic listening: Affective cues and the influence of instructions. *The Quarterly Journal of Experimental Psychology, 11(1), 56-60.*

Simons, D. J. & Chabris, C. F. (1999). Gorillas in our midst: Sustained inattentional blindness for dynamic events. *Perception, 28*(9), 1059-1074.

Wells, A. (1997). *Cognitive therapy of anxiety disorders: A practice manual and conceptual guide.* John Wiley & Sons Inc.

107

Kappes, A., Oettingen, G. & Pak, H. (2012). Mental contrasting and the self-regulation of responding to negative feedback. *Personality and*

Social Psychology Bulletin, 38(7), 845–857.

ガブリエル・エッティンゲン. (2015). 成功するには ポジティブ思考を捨てなさい 願望を実行計画に変える WOOP の法則. 講談社.

108	2と同じ
109	3と同じ
110	2と同じ
111	3と同じ
112	47と同じ
113	

山田ヒロミ. (2014). 人生が劇的に変わる「壁だけ片づけ術」. マキノ出版

Shantz, A. & Latham, G. P. (2009). An exploratory field experiment of the effect of subconscious and conscious goals on employee performance. *Organizational Behavior and Human Decision Processes, 109*(1), 9–17.

Bargh, J. A., Gollwitzer, P. M., Lee-Chai, A., Barndollar, K. & Trötschel, R. (2001). The automated will: Nonconscious activation and pursuit of behavioral goals. *Journal of Personality and Social Psychology, 81*(6), 1014–1027.

| **114** | |

Jung, C. G. (2010). *Synchronicity: An acausal connecting principle. (from vol. 8. of The Collected Works of C. G. Jung)*. Princeton University Press.

Cambray, J. & Rosen, D. H. (2012). *Synchronicity: Nature and psyche in an interconnected universe.* Texas A&M University Press.

ドーソン・チャーチ. (2019). 思考が物質に変わる時. ダイヤモンド社.

| **115** | 2と同じ |
| **116** | |

アラン・ピーズ. & バーバラ・ピーズ. (2017). 自動的に夢がかなっていくブレイン・プログラミング. サンマーク出版.

| **117** | |

大橋一慶. (2021). セールスコピー大全. ぱる出版.

| **118** | 47と同じ |
| **119** | |

村松大輔 (2018).「自分発振」で願いをかなえる方法. サンマーク出版.

高橋宏和. (2022). 量子力学的願望実現の教科書. SBクリエイティブ.

アーヴィン・ラズロ. (2005). 叡知の海・宇宙: 物質・生命・意識の統合理論をもとめて. 日本教文社.

村松大輔. (2021). 時間と空間を操る「量子力学的」習慣術. サンマーク出版.

田坂広志. (2019). 運気を磨く 心を浄化する三つの技法. 光文社新書.

120 14, 15, 16と同じ

121

SPM, P. & Seethalakshmi. (2021). Cognitive reframing-"mind trick"-change your thoughts-change your world-to keep you going. *International Journal of Advanced Psychiatric Nursing, 3*(1), 01–03.

Sharma, A., Rushton, K., Lin, I., Wadden, D., Lucas, K., Miner, A., Nguyen, T. & Althoff, T. (2023). Cognitive reframing of negative thoughts through human-language model interaction. Proceedings of the 61st Annual Meeting of the Association for Computational Linguistics (Volume 1: Long Papers).

122 44, 47と同じ

123

ウェイン. W. ダイアー. (2009). ザ・シフト *(DVD)*. Hay House, Inc.

ジャミール・ザキ. (2021). *スタンフォード大学の共感の授業*. ダイヤモンド社.

参考文献

どんなとき、人は願いが叶うのか？

実践「引き寄せ」大全

2023年10月31日　　初版発行

著　者‥‥‥‥濱田まゆみ
　　　　　　　山田ヒロミ

発行者‥‥‥‥塚田太郎

発行所‥‥‥‥株式会社大和出版

　東京都文京区音羽 1-26-11　〒 112-0013
　電話　営業部 03-5978-8121 ／編集部 03-5978-8131
　http://www.daiwashuppan.com

印刷所‥‥‥‥信毎書籍印刷株式会社

製本所‥‥‥‥株式会社積信堂

装幀者‥‥‥‥萩原弦一郎（256）

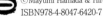